JN302702

沖縄学事始め

泉　武

同成社

はじめに

沖縄に対するイメージは、透明な海とサンゴ礁、ブーゲンビリアなどの花々に囲まれた亜熱帯の風景が思い浮かぶ。しかし、人々の暮らしや文化、歴史などがそこからすっぽ抜け落ちている。沖縄には島建てと呼ばれる独特な表現があり、島の始まりと祖先を讃えた伝承は豊で独特である。長浜真一の語った「沖縄の始まり」は、本島北部にある古宇利島からであるという（読谷村歴史民俗資料館 一九八一）。

昔、古宇利島に若い男と女が住んでいた。毎日のように天から餅が落ちてくるので、それを食べて暮らしていた。ふたりは「いつかこの餅がなくなったとき、何を食べて生きようか」と心配した。そこで餅を貯えておかねばと思い、その日から少しずつ貯えはじめた。すると、思ったとおり天から餅は落ちてこなくなり、海に行って貝や魚を取って暮らした。これから人間の働くことが始まった。

ふたりの若者は、身にまとう着物もなく裸で暮らしていた。ある日、海の生き物が交尾するのを見て夫婦の交わりが始まった。これが沖縄人の始まりと言われている。

この話は人間の起源と労働の始まりを語るが、天から餅が落ちてくるというモチーフがおもしろい。伊江島の世の始まりは、インドから牛に乗ってやってきたチャンピナという女神と、唐からきたチャンチューという男神から始まったと伝える。冒頭で天の神は食べ物を地上に降ろすが、海の彼方からも豊穣を満載した船が接岸するともいう。こんな世果報《ゆがほう》の実現を夢想し、シマに生きた人々の想いに触れてみたい。

二〇一一年四月

著　者

目次

装丁・吉永聖児
カバー写真・橋から望む古宇利島

沖縄学事始め

第一章　沖縄本島から

南島の主島であり、明治までのおよそ五〇〇年間、首里に琉球国の首都を置き、北は奄美大島から南は波照間島、与那国島までを領域とする海洋国家として独自の発展を遂げた。文化的・政治的には中国や東南アジアとの関係を結んでいたが、一六〇九年に薩摩藩が琉球に侵攻するに及んで、急速に日本化が進むことになった。言葉は日本語のひとつの方言であるが、奈良時代にさかのぼる古語を多く含むといわれている。

一　浦添・首里

ようどれの檳榔樹

浦添グスク（城跡）の入口から左の断崖に沿う道を降りると、ほどなくようどれの崖縁に築かれた純白の壁が見えてくる。ようどれとは、この崖の岩陰に横穴を穿って造られた琉球王統初期の王陵のことを指している。ここから西を見ると東シナ海がひろがる。夕刻になると沈み行く太陽が一望され、海は穏やかな夕凪となる時間帯がある。このような海を望む場所に墓が営まれた。ところが先の沖縄戦で壊滅状態になったが、最近ようやく復元されて昔日の姿をとり戻した。

ようどれは琉球国がいまだ山北、中山、南山と鼎立していたころ、中山王として浦添グスクを拠点に琉球を統一しようとしていた英祖王が造営したといわれている。英祖は琉球の正史によると、母は胎内に日輪（太陽）が飛び込む夢を見て妊娠し、生まれるときは瑞光が産屋に満ちて芳香が漂ったといわれる。こうして聖なる母から生まれた英祖は太陽の子――てぃだこ――と称された。

ようどれの一番庭《なー》に立ち入ると、断崖は漆喰が一面に塗られ、墓室への入り口の扉が左右に二か所造られている。右がほぼ中央にあり、一二六一年に英祖王によって築かれた墓室である。左はその後、同王墓を改修した尚寧王の墓室である。漆喰で塗り固めた壁と墓域を囲む石垣は、尚寧の改修時に今見られる形になったのである。

写真１　漆喰が塗られたようどれの入口

改修前の英祖王の墓の様子は、発掘によって興味深い事実が明らかにされた。崖の岩陰から奥に向かって、二間×三間の礎石立ちで瓦を葺いた木造の家屋が建っていたというのである。建物の内部は約六〇平方メートルの空間があり、ここに朱塗りの木棺が納められていた。生前に住んでいた家を再現した墓であったのだ。家屋や木棺には精巧な装飾を施した飾り金具が取り付けられていたが、金具の製作工房は崖下の平地で見つかっている。

写真２　英祖王墓の内部（浦添グスク・ようどれ館）

その後の改修で石垣の高壁が築かれ、同時に英祖王陵内の建築物が取り除かれた。これに代えて中国から輸入された石棺が新たに墓室に導入された。英祖王墓の内部は「浦添グスク・ようどれ館」でその様子を見ることができる。ここには中国泉州で産出する、通称青石と呼ばれる石棺が三基置かれている。石棺の石には仏像や仏花、獅子のレリーフがみごとに施されている。沖縄に現存する最古の仏教彫刻のひとつである。

また、琉球国時代のようどれを描いた絵図が展示され、古い時代の王墓の様子を描いていて興味深い。まず、戦前まであった暗《くら》しん御門《うじょう》という王墓に入る門が一番右手に描かれている。断崖にできた自然の大きい亀裂を第一門としたのである。その奥に進むと二番庭があり、アーチ門をくぐると墓室のある一番庭となる。墓室の背後は切り立った崖であるが、頂上まで石垣が築かれその上には樹木が描かれているが、この中にひと際高く目につくのが数本の檳榔樹《びんろうじゅ》である。沖縄ではクバとよばれ、神の依代の木であるといわれている。神の島といわれる久高島の北端カベールはかつてクバの木が生い茂る聖地であった。

柳田国男は大正時代に民俗調査のため沖縄を訪問し、日本文化の北進ルートをここに想定した。調査記録の中にクバに触れたところがあり、「山北今帰仁《なきじん》のコバウの嶽は、ことに神山でありました。昔君真物《きんまもん》の出現せんとする時には謝名《じゃな》のアフリノハナ（天降神）に赤日傘がたてば、この御嶽には黄なる日傘が、かなたに黄色なるものが立てば、この御嶽には赤いのが立ったと伝えております。その日傘というものは、紙のない時代には、必ずまたコバの葉であったろうと思われます」と書いている。太陽の子として出生した伝承を持つ王の眠るようどれは、墓であるよりは神の宿る聖域であると考えられた。

ところが、ようどれはいつのころからか化け物が出没する場所として有名になった。そのひとつを紹介する。

浦添ゆうどれには夜になると妖怪が出没するようになった。それを聞いた度胸のある男が、杖と金づちを持ち、羽釜《はがま》をかぶってゆうどれに出かけると、うわさどおり妖怪が集まっていた。男が仲間に入れてくれというと、妖怪たちは「お前は生きた人間の匂いがするから仲間にはできない」と断った。男は「わたしは死んだばかりだから、まだ生きた人間の匂いがする。うそと思うなら頭と手を触ってみろ」といった。妖怪たちがその男の頭を触ってみると、羽釜をかぶっているので骸骨のようにかさかさで、手のかわりに杖を触らせたので、手も死者の骨のように冷たかった。

そこで、その男を仲間にすると、男は妖怪たちとなぐり比べをすることになった。妖怪たちが男の頭を叩くと羽釜をかぶっているので、男の方はなんともないが、殴った妖怪の方は手がしびれるほど痛かった。男が叩く番になると、隠し持っていたかなづちで妖怪たちの頭を思い切り叩いたので、妖怪たちは痛がって逃げだした。

男は妖怪がどこに逃げ込むのか追いかけて、翌朝見るとその妖怪たちは人間が捨てた下駄やぞうり、しゃもじなどだった。それらを集めて焼くと妖怪たちは出なくなった。

また、人々はこの浦添ゆうどれには、後生の役所があり人の命を奪う役人は、このゆうどれからやってくると信じられていた。

民間に伝わったようどれの妖怪は、使い古されたしゃもじや下駄などで、長年にわたって使われたものが、古くなって粗末に捨てられたのだろう。室町時代に描かれた『百鬼夜行図』という絵図が伝わるが、まさにこの絵図に描かれた世界に通じる伝承である。また、この地が後生（グソー）とよばれる、墓地の役所の置かれたところであると言われたことも興味深い。

（註）ようどれは『球陽』には一二六一年に造営されたと記されている。そして一六二〇年に尚寧王によって改修された。発掘調査では一三世紀後半の築造でその後、一四世紀末から一五世紀前半にかけて石積みが行われたようである。また英祖王の墓室には高麗系の瓦葺きの家形木槨が建てられた。木槨とは柩の容器である。木棺は唐櫃形漆龕《からびつがたしつがん》とよばれて、このような家形木槨に棺を安置するのは、琉球王墓の初期型式のひとつであるという。

玉御殿（玉陵）ともうひとつの王陵

玉御殿《たまうどん》

復元された首里城のシンボルである守礼門から、綾門大道《あやじょううふみち》の坂を下ると左手に高石垣に囲まれた、ガジュマルとデイゴの大木が森を作る一画がある。ここは琉球国の第二尚氏王統に連なる王と王族たちが眠る奥城《おくつき》である。首里城とは二〇〇メートルも離れているだろうか。首里という都市そのものが聖域だといわれているにもかかわらず、墓地が目と鼻の先にある風景である。こんなところにも、琉球王国の独特の死生観が現れているのだろう。居住空間と墓地の隣接する風景は、沖縄では何ら違和感はないのである。

ここは玉御殿と呼ばれる王陵で、尚真王によって一五〇一年に造営された。墓域全体は石垣で囲まれ、第一門を入るとサンゴ礁の砂が一面に敷かれただけの広大な庭がある。中門をさらに奥に進むと、そこはウルとよばれる庭が広がって、正面には巨大な建築物が澄みわたった空に溶け

写真3　玉御殿

込んで圧倒している。背後は石灰岩の岩山で、この崖面に横穴を掘った墓室を作っている。ようどれ墓からつながる王墓の伝統を備えている。

首里城が王とその家族の宮殿とすれば、玉御殿は「あの世の首里城」という性格を持つと言わしめたように、外観は首里城を髣髴とさせる。墓室は左から東室、中室、西室にわかれている。中室は最初に遺体が安置される部屋で、洗骨までの何年か安置され、その後、王は東室、それ以外の王族は西室に移される。王陵といえども、基本的には何代にもわたって共同利用された集団墓であり、この点は琉球の一般的な墓の利用形式にのっとったものである。

写真４　玉御殿の石碑

第一門を入ると左手にわずか一メートルほどの石碑が立つ。玉御殿を訪れてもほとんど気にも留められないが、碑文の内容が実に興味深い。原文は縦書きのひらがな書きで、国王と国王の母、妹、王族の名前が記されている。なお、ひらがなは琉球国の国内や日本向けの公式文書に用いられ、漢字表記は中国との外交文書で使用された。

この碑文の内容は高良倉吉の解読文を以下に引用する。括弧内は、ここに埋葬された人物名である。

首里おぎやかもいがなしまあかとだる　（尚真王）
御一人よそひおどんの大あんじおぎやか　（尚真王の母）
御一人きこゑ大きみのあんじおとちとのもいかね　（聞得大君《きこえおおきみ》で尚真王の妹）
御一人さすかさのあんじまなべだる　（尚真の娘）
御一人中ぐすくのあんじまにきよだる　（五男清）
御一人みやきぜんのあんじまもたいかね　（三男韶威）
御一人ごゑくのあんじまさぶろかね　（四男龍徳）
御一人きんのあんじまさぶろかね　（六男亨仁）
御一人とよみぐすくのあんじおもひふたかね　（七男源道）
しょりの御み事　　い上九人
この御すゑは千年万年にいたるまでこのところにおさまるべし
もしのちにあらそふ人あらばこのすみ見るべし
このかきつけ（に）そむく人あらばてんにあをぎちにふしてたゝるべし
　大明弘治十四年九月大吉日

ここに葬られた尚真は、琉球王朝の基礎を固めた王といわれて、在位五〇年の中で国内政治と中国や東南アジアとの貿易によって国力を充実させた人物である。

さて、第二尚氏王統は尚円―尚宣威―尚真―尚清と継承されるが、二代目の宣威とその娘で尚真の正妃である居仁、その間に生まれた維衡がこの碑文のリストから除外されている。ここには、尚真王の正妃同士の確執あるいはお家騒動のような事件が背後にあったのではないかと歴史家から疑われている。維衡は王位継承者の地位を剥奪されて浦添グスクに隠居したといわれ、居仁の実家は浦添を拠点とする別系統であったことが窺える。つまり、尚真の母親でるオギヤカが自己の直系の人物を王に据えるべく、浦添系統の家系につらなる王族を排除して、同じ墓に葬られる資格からも除外したというのである。

碑文の末文は「この末は千年万年に至るまで、このところに納まるべし。もし後に争う人あらばこの末見るべし。この書付に背く人あらば、天に仰ぎ、地に伏して祟るべし」と刻んでいる。尚真王の母オギヤカと、浦添系の正妃であった居仁との間の戦いがここに込められているのだろうか。

天山陵

玉御陵は一五〇一年に造営された第二尚氏王統の墓であるが、陵のある丘陵から谷をひとつ隔てた所にさらに古い王陵がある。民家の一画にあるため訪ねる人もほとんどいない。最近立てられた石碑には「天山御陵」とあり、東恩納寛惇は、第一尚氏王統の始祖である尚巴志の墓であろうとする。尚巴志は一四三九年に死去した人物である。

最近この墓に対して調査が行われ、墓室は半洞窟の内部を利用して切り石を積み上げていることがわかった。墓室の外にはいつのころからか、みごとな彫刻の施された石棺の台座が残された。大きさは縦一六六センチ、横八六センチ、台の厚みは五〇センチもあり重厚な仕上げである。この石材は中国福建省産の青石（輝緑岩）であるといわれ、時の王府が、中国との交易によって築いた富を背景に輸入したものである。

台座の側面の空間には所狭しと蓮や椿、牡丹などの植物文様、獅子、馬、鹿や動物、あるいは鶴、亀などが彫りの深い力強いタッチの彫刻が見られる。蓮の花などは浦添ようどれの石棺Dとよばれる台座にも共通するモチーフを見ることができるが、ここ天山陵のもののほうがはるかに彫りが深く写実的で古形を示している。歴史資料としても第一級品であるばかりでなく、美術品としても計り知れないものである。

写真5　天山陵の石棺の台座

写真6　台座の施された彫刻

ここを墓とした尚巴志は、琉球王朝の初期にあって、中国皇帝に対して活発な外交活動と交易を行い国力を充実させた。国内的には三山の統一と政治機構として首里城を築城し、それまでの中世的世界―各地

写真７　復元された首里城

の首長たちによる戦の時代―から、琉球国として出発した最初の王権である。

現在、天山陵を守るのは琉球王家につながるといわれる。ここ天山陵の地は遠く過ぎ去った歴史的過去ではなかった。

幻の首里城

復元なった首里城は、沖縄観光のスポットのひとつとして人気が高く、いつもにぎわっている。日本の近世の城を見慣れた目には、どこか異国の匂いと雰囲気を醸し出している。守礼門の坂道を登っていくと、純白の高い石垣と朱色に塗られた建物がコントラストも鮮やかである。なにもかも日本の城とは違うのだ。

城壁はサンゴ礁が固まってできた石を使っているので純白である。壁の隅がことごとく曲線を描くように仕上げられ、日本の城壁のようにシャープな線を出すのとは対照的である。琉球の城と日本の城のもっとも目につく違いだろう。ここには両者の技術的な交流は、どこにもないかのような様相である。そして城壁の随所に開いた門はアーチ形に開口する。城壁の隅の曲線と門のアーチ形、あるいは白い石などの組み合わせが、優美な城のイメージを訪問者にあたえるのだろう。ところで沖縄では城のことをグスクと表現する。

純白の石畳の坂を登りつめると最後の門となる奉神門である。この門は三か所の石段があり、とりわけ中央の石段は欄干が取りつき、特別な石段であることが分かる。この門をくぐると、広い御庭《うなー》とその正面には朱を塗りこめた巨大な正殿が建ち左に北殿、右に南殿が対置している。ここが五〇〇年という長きにわたる琉球国の政治の中心施設であった。正殿建物の外観はいうにおよばず、内部の意匠も含めて中国北京の紫禁城と同じ構造であるといわれる。それもそのはず、琉球国は中国皇帝から承認された国王を戴く国として国交を持ち、国王の代替わりには、皇帝の使者が琉球までやってきて、正殿の御庭で継承の儀式を行っていたのである。これを冊封《さくほう》といった。式典では中国式の王冠とベルト、服など衣装一式が贈与され、中国皇帝のシンボルである龍の文様を施した皮弁服《ひべんふく》を着用した。このような中国からの使者を迎えた冊封の儀式は、一四〇四年の武寧から始まったことから、首里城そのものはこのころには都城として整備されていたことは容易に想像される。

ところで、中国皇帝の使節として琉球にやってきた正使は、帰国後しばしば報告書というべき記録を残している。尚清王の即位の時（一五三四年）の正使であった陳侃《ちんかん》の見た首里城正殿の様子は興味深い。安里進の訳を掲げる。

王の居舎は、南に向ふ者七間、西に向かふ者七間なり。南を以てする者は舊制にして、風水に利あら

ず。返って西を以てする者を正殿と為す。閣は二層にして、上を寝室と為し、中を朝堂と為す。未だ臣下と坐立せず。（以下略）

この記事によると、陳侃が首里城を訪問した時、正殿建物は七間四方の規模で二層であった。建物の正面は元は南面していたが、風水がよくないとの理由から西に変わったというのである。このことは、のちの使節の記録にもあり、一七一九年の徐葆光《じょほこう》も報告して、「山形の殿址、本、南北に向う。那覇より中山に至るに西岡より上がる。故に門は皆西向す（以下略）」という。

中国からきた使節にとっては、国の政庁である正殿が南面していることが常識的な規範であって、琉球の宮殿が西から入ることはよほど奇異なことに映ったのではないか。そのために、陳侃の帰国報告から一八〇年後の冊封使の報告でもこのことに触れたのである。つまり東アジアの地域にあって、中国との国交を持った国の多くの宮殿は南を向いていた。

首里城にあっても正殿の建物の形式や内部は、多くの部分に龍に代表される中国の意匠がふんだんに取り入れられ、ここで行われる儀式も中国の規範にのっとり行われていたのである。このような文脈から、当初の正殿が南を向いていたという中国側の記録は信頼がおけるこになろう。ここ首里城ではある時期、言い換えるならば最初に冊封使を迎えた一四〇四年から、陳侃が来琉した一五三四年の一三〇年の間に正殿を九〇度向きを変更して、西に向くという大工事の行われたことを予想させる。このことは、正殿の変更だけは留まっていないはずで、周辺の建物や城への道路も新たに作られたと思われる。しかし、大改造した城の工事のことは、琉球側の記録には一切残されていない。

冒頭で触れた、戦後の首里城の復元は事前に発掘調査が行われ、正殿が建っていた基壇は、時代とともに大きくなった様子を明らかにした。ここで注目されるのは、第Ⅱ期とされた一五四三年の正殿基壇はすでに西を向いていた。そうであるならば、南向きの建物は少なくとも一五四三年以前ということになるが、残念ながらこの時の調査では、南向き基壇は出土しなかった。首里城の大改造の痕跡はどこに行ってしまったのか。発掘の続く首里城を見守りたい。

首里城の護りを固める

那覇空港を発着とする沖縄モノレールのもうひとつの基点は首里駅である。首里城は那覇の地域では最高地点に築城したと説明される。たしかに城内からは太平洋と東シナ海が見渡せて要害の地にあるとこはまちがいない。ところが、最高地点ということになると、首里駅からほどない距離にある、弁ケ嶽というウタキのある場所ということになる。海抜一六五・七メートルあり、東恩納寛惇は弁ケ嶽への入り口に当たる「かたのはな」には、かつて石碑が建っていてそこは「内裡（首里城のこと）より東にあたる」といわれ、ウタキまでの参道を松並木の道に整備したという内容を紹介している。首里城から見れば裏側にあたるが、ちょうど扇の要にウタキがあるという位置関係から、宮城を守護する第一の鎮守として、国王が年三回参詣していた重要なウタキなのである。

弁ケ嶽の森に入ると道を隔てて大嶽と小嶽の石門があり、ここがウタキの中心であることがわかる。国王が参拝していたころは、大嶽では「三山拝み」、小嶽では久高島と北京を遥拝したという。久高島は琉球発祥の神の島として崇められていたが、北京も拝んでいたというのか。いずれにせよ、国王自らの親拝であるところから、ここは琉球国を守護する神としての位置づけであった。

首里城そのものをある時期に南向きから西向きに変更したと、中国の使節はたびたびその報告で触れていたが、変更された訳が風水にかなう方向、あるいはその地を求めてのものであったという。風水にかなうということはどういうことなのであろうか。

写真８　弁ケ嶽のウタキ

たとえば、日本の古代都市である平城京や平安京は、南を向いてその背後には山がひかえる。この山から派生した丘陵が左右に延びて、中央にある宮殿を抱くような地形である。宮殿の前には山から流れ出した清涼な川があり、主峰の真中には生気が集中する穴がある形が観念された。四神に守られた理想的な空間ということになる。このような理想郷に古代の都市が造られたのは、もちろん中国の都市造営の基本理念であったわけで、日本や朝鮮半島の国々の都市も同一の原理のもとに造られた。風水にかなうということは首里城でも変更の理由にされたというのである。

高橋誠一は、北の護りとしての玄武は弁ケ嶽、南は波上宮、東の白虎は末吉の一帯（末吉宮がある—筆者注）、そして西の護りとしての青龍は高津嘉山であるとする。弁ケ嶽は触れたとおりであるが、昭和初期に首里城付近から弁ケ嶽を撮影した写真を見ると、松山のこんもりした山容がくっきりと遠望される。末吉宮は首里城の日影台が設置されている広場から、谷をひとつ隔てた丘陵の中腹に赤く塗られた建物が見える。現在は末吉公園の中にあり、崖の傾斜面から頂上にかけて拝殿と本殿が建ち、拝殿が崖にあるために険しい石段が取りついている。この石段の白い色と拝殿の赤のコントラストがまぶしいぐらいである。熊野三所権現を祀る室町時代の創建とされる。

波上宮は那覇港の突端に突き出した丘の上に建つ。ここも熊野三所権現を祀る琉球八社のひとつである。社伝によると波上宮の海岸で漁をしていた男が霊石を発見して祀りはじめたという。これは沖縄各地で見られたビジュルであり、物語としては海にぷかぷか浮かんで、岸辺に近づいた霊石が拾い上げられて信仰されたという。しかし、ビジュルがのちに神社に形態を変化させたのはまれである。

写真９　末吉宮

いずれにせよ、首里城を中心としてその前面に首里（政治と文化を担う）、那覇（商業と海外貿易を担う）というふたつ都市を置き、その護りは風水の理論によって神々が守護するという、都市計画に通じる都城の構造がここに完成したのである。

首里城のジュゴン

琉球が三山と呼ばれた群雄割拠の状況から、統一に向けて戦いが繰り広げられていたとき、佐敷上グスクを拠点にする南山王の尚巴志は、一四〇六年に浦添グスクを攻めて中山王武寧を滅ぼし沖縄本島を手中に収めた。そして新たな政治的・軍事的拠点として首里城を築城した。これ以降、一八七九年に首里城を明治政府に明け渡すまでの四七三年もの長い間、南海の地域に成立した国家の中枢として機能したのである。明治以降になると王族一家は東京に移り、首里城は住む人もなく荒廃が進んだ。

沖縄戦後になって、ようやく多くの人々の努力により復元整備が進められ、二〇〇〇年にはいくつかのグスクとともに世界遺産に登録された。整備事業の過程で城内の発掘調査がおこなわれ、多くの貴重な考古学的成果がもたらされた。このなかには、当時の食事の様子を物語る食物残渣も出土したが、そのひとつにジュゴンの骨がある。ジュゴンは奄美・沖縄を北限とする海棲の哺乳類である。現在では沖縄近海で時々観察されている。右掖門《うえきもん》地区から出土した骨には、解体されたことを物語る殺傷痕跡がみつかった。解体のときに割ったような破損痕、切り刻んだ傷跡などがあり、ジュゴンを丸ごと持ち込んで城内において解体、調理されたことを明らかにした。別の資料では糸満沿岸域で捕獲されたことも記録されていて、本島周辺でもひろく生息していたのだろう。

ジュゴン肉の旨さや薬効のあることは、琉球王府でもよく知られていたようで、八重山諸島の新城島《あらぐすくじま》に限って納税品目の対象とされ物産税がかけられた。新城島の人たちは西表島まで出かけて米を作っていたが、田植えの終わる三月ごろになるとジュゴン取りが始まったという。ジュゴンは海牛目に分類され、成長したものは二三〇～三五〇キログラムにもなる。地元で遠藤庄治が聴取したジュゴン獲りの話は具体的である。

ジュゴン猟の命令が在番の役所から降りると、神女たちによってジュゴンを祀るウタキで大漁祈願がある。これにあたる若者三〇名ほどが、一〇日分の食糧をもって一艘の大形船と小形の刳り舟に分乗して西表島の周辺海域まで出かけたという。ジュゴンは浅瀬に生えているアマモを捕食しているので、食べた新しい痕跡を確認して満潮になったときに網を入れ、干潮になって網にザン（ジュゴン）が入っていることを確認すると、その場で銛を使って打ち殺したという。持ち帰ったザンは浜辺で解体し、皮と肉は茹で上げて乾燥肉とした。この肉はすべて琉球王府に送られるため、島人が食べることは禁止されたのである。解体後の骨はすべてアールウタキで祀ったという。新城島下地の七門御嶽を調査した大泰司紀之は、ウタキの中に四九個体分の頭骨が残っていることを確認した。

首里まで運ばれた肉はどのように食されたのだろうか。金城須美子は、中国皇帝の使者として琉球にやってきた冊封使を饗応する料理のメニューに、ジュゴン肉を用いた料理のあることを見出した。冊封使は琉球王が代替わりした時、中国皇帝が正式に臣下として承認したことを伝える役目の使者である。したがって、琉球にとっても最高の接待だったわけである。しかも定期的に訪れるような使者ではなかったことから、これに対応できる料理人は琉球には存在しなかったという。

中国側も心得たもので、使者の派遣には警備や船の運航など、総勢二〇〇〜三〇〇におよぶ人が半年ほど琉球で滞在することになるため、これらの人員の中に相当数の料理人を帯同していた。そして琉球側主催の宴会であっても、中国側の料理人がその準備に当たった。当時のメニューを見ると、当然のように中華料理がずらりとリストアップされ、ジュゴン肉は薬膳スープの具として調理された。その味はというと、『使琉球記』を残した李鼎元《りていげん》は、「海馬肉（ジュゴンの中国表記名）のスライスがあった。くるくると巻き、かんなくずのような形で、茯苓の刻んだもののような色をしている」と記し、干し肉のスライスがスープ仕立ての中に入れられたという。中国人にとっても、いわば珍味の部類に属していたのである。

大泰司は、最近中国海南島まで出かけてジュゴンの生息調査をおこない、福建省から広東省の沿岸にも生息していることを見出した。『使琉球記』が書かれた一七九九年から二〇〇年ほどの時が流れているが、この時に来琉した料理人は福建人であった。このことから、憶測をたくましくすれば、料理人は本国ですでにジュゴン肉の扱いに習熟していたのだろう。使者もまたジュゴン料理を中国料理の一品として何のためらいもなく、むしろきわめて貴重な食材として認識していたのではないだろうか。尚泰王の時に冊封使に支給されたジュゴン肉は、塩漬け肉三〇斤、干し肉一八六斤である。一斤について約六〇〇グラムとすると、塩漬け肉は約一八キログラム、干し肉は約一一一キログラムになる。ちなみにジュゴン一頭から取れる肉は一〇〇〜一五〇キログラムとされている。鶏肉や豚肉に較べてその量ははるかに少ないが、彼らが滞在していた天使館では日常的に調理されていたのである。

　ジュゴンの干し肉一片が石垣市立八重山博物館に収蔵されている。二〇〇七年に実物を見学した。長さは約二六センチ、幅約六・五センチ、厚みは一・五～二センチである。重量は二九〇グラムで軽い。全体に縦方向に少し湾曲して、ワインレッドの色味である。ライトを照らすと赤く透ける。完全に干しあがっていて少し皺がよっている。上端に小さい穴が貫通しているものの、これ以外は人工の手は加わっていない。乾ききった肉は果たして匂うのだろうか。鼻を少し近づけただけでカツオ節に似た上品な匂いがほのかに漂っている。考古学者は土器をなめることもいとわないが、さすがに係りの人がいては言い出せないで観察を終えた。それにしても、自国で取れた珍味ジュゴン。琉球は中国との関係を結んだ近世において、重要な物産としてジュゴンを再発見することになった。

写真10　ジュゴンの干し肉片（石垣市立八重山博物館蔵）

海を渡ったジュゴン

　遠藤庄治は沖縄で長く伝承話の調査に携わってきて、ジュゴンと人間が結ばれる話や、津波の来襲を人間に知らせる話などを採話したが、この中には東南アジアの話に類似したものがあるという。その由縁は東南アジアの沿岸部にいた漁労民は、ジュゴンを求めていつしか生息北限である沖縄まで到達し、そしてジュゴンにまつわる伝承もこのような人たちが携えてきたのだと予測した。通説的には、ジュゴンは一定の海域に定着して暮らす海棲動物であり、クジラやイルカのように広域には移動しないだろうといわれてきた。その理由のひとつには、ジュゴンはアマモという浅い海域に生えている植物を食べるのである。アマモは水生の顕花植物で、水中で開花し種で繁殖するため、太陽光が十分届く沿岸部にのみ生育する植物である。このため活動領域もアマモの生育環境に制限されていると考えられてきた。このような生育条件下で暮らすジュゴンの来歴を考えると、どうしても冒頭で紹介した遠藤の大きな構想は成立しそうにはなかった。

ところが二〇〇五年なって、ジュゴンは広域的に移動して、沖縄海域まで来たことを示す研究が発表された。世界でジュゴンが生息している海域は、赤道を挟んだ北緯三〇度から南緯三〇度の熱帯から亜熱帯である。この海域に沖縄・奄美を北限とする東南アジアのグループと、オーストラリア北岸、インド半島沿岸のグループ、およびアフリカ東岸、マダガスカルからアラビア半島を挟む紅海を生息域とし、生息数は一九九七年現在でおよそ一万五〇〇〇頭と推測されている。

沖縄の海洋環境の研究をおこなっている、県立環境科学センターの小澤宏之を訪ねると一冊の報告書を見せてくれた。『平成一五年度ジュゴンと藻場の広域的調査報告書』というものである。東南アジアやオーストラリア、沖縄などに棲むジュゴンの系統を遺伝子レベルで調べたもので、いわば家系調査のようなものである。研究に用いられた資料は、遺跡から出土した骨や死骸から採取された資料と、各地の水族館の生体から得られた資料などである。そして細胞内に存在するミトコンドリアの塩基配列の特徴を分子レベルで調査するという手法である。この結果、分子系統樹上では、①オーストラリアの個体からなる系統、

②タイ・アンダマン海域、パラオ産の個体と沖縄中頭郡勝連町（現うるま市）トゥバル遺跡出土個体系統、③沖縄の2個体と台湾・フィリピンの個体系統、④フィリピン、タイ・シャム湾の個体系統、⑤⑥フィリピンと沖縄の個体系統、⑦スラウェシとタイ・アンダマン海およびシャム湾、パラオの個体系統からなる七つの系統が確かめられた。

結論として、「沖縄近海産の個体群とフィリピン産の個体群には、生息域により分かれている幾つかの小さな母系集団、あるいは比較的遺伝的多様性に富む母系集団が存在し（中略）、同様もしくは同じ塩基配列の組成を持つ非常に近縁か同一の母系集団を共有する可能性を示唆する。すなわち、沖縄とフィリピンそれぞれに棲息している個体が、それら海域を往来している（あるいは過去していた）可能性を強く示唆する」という結果を示された。つまり沖縄海域に生息するジュゴンは、フィリピンに生息するものとDNAレベルでは同じであると結論されたのである。このことから、沖縄のジュゴンは個別的、あるいは孤立的に存在するのではなく、フィリピン海域から沖縄に移動したことを示す結果になった。

分析に使われた資料のひとつに平敷屋《へしきや》トゥバル遺跡から出土した骨が含まれている。この遺跡は中城湾を臨む浜にあり、ジュゴンの解体場とでも言えるようなかつてないほどの出土量であった。骨の放射性炭素年代測定では、現代（一九五〇年）から二〇七〇～一一六〇年前である。つまり、二〇〇〇年ほど前にこのジュゴンは浜で解体されたことを示した。このふたつの報告によって、沖縄近海に生息するジュゴンの祖先は、少なくとも二〇〇〇年以前には、フィリピン海域の母集団から離れて沖縄まで移動してきたといえるのである。東南アジアには、現在一万五〇〇〇頭の生息が推定されている。この中には沖縄とフィリピン海域を結ぶ広大な海域を回遊していた個体群があったのかもしれない。そして、遠藤が伝承話から推測した、ジュゴンの広域移動という構想は近いうちに証明されるだろう。

平安名のパーパーターシンカ

沖縄中部の太平洋に長く突き出した与勝半島は民俗の宝庫といわれている。とりわけ平安名《へんな》に伝わったパーパーターシンカは、祝い事や葬式などの場でおばさんたちが集団で歌を謡うという。職業的なプロではないが、神女を中心として組織された女性の集団である。このような歌謡は、かつて沖縄各地の村で歌われたが祭祀とともにほとんど消滅したという。

浜ぬ前ぬ（訳）

浜の前のカニの甲
比嘉の前のエビの甲
カニの甲が脱皮する
エビの甲が脱皮する
人々はどのように生まれ変わる
神酒を盛って生まれ変わる
お酒を盛って生まれ変わる
明日もいらっしゃい神酒を盛りましょう

明後日もいらっしゃいお酒を盛りましょう

これは正月三日の初起こし（ハチウクシー）の歌である。元旦の行事の中に浜比嘉島の比嘉の事例として、未明に産井から汲んできた若水をきれいに掃き清めた庭におき、家族は火の出る方向に向かって、「明けま年から若くなてたぼうれ」と祈願して顔を洗い新年を迎えたという。

蟹の甲羅が脱皮する、あるいは人が生まれ変わることを方言では「すでぃる」と表現する。すなわち「巣出る」であって、正月を迎えたことは、カニやエビのように古い殻を捨てて新しい殻を着るように、人間も生まれ変わったと観念した。

葬式のウムイ

百歳のお年寄りがそちらへ向かっています。
お取りもちください。阿弥陀仏。
今供えたお酒はただのお酒ではありません。
大事な親があの世に持っていくお酒です。
大事な親はいつまでも見ていたいものです。
煙草を吹く間だけでももう少し見せてください。

パーパーターシンカのひとりである蔵當ヨシを訪ねた。この婦人はノロを継承されて屋敷の一画には神アシャギが建っていた。この前の石段に腰を掛けて葬式のウムイの話を聞くことができた。この歌は座敷にひつぎが置かれている間や、葬列が出発した時などに歌われたといい、話をされるうちに涙ぐまれた。

親を亡くしたときには、まだこのウムイを歌って見送ったといわれた。しかし今では節をつけて歌うことはできないという。

現代ではすでに地域社会が崩壊した。ことにそれまで社会のつながりの中で葬送儀礼は行われていたが、今ではすっかり変質した。それと同時に大切なものを消滅させた。パーパーターシンカの歌に送られた親たちは幸せであった。

二　本島山原地域

沖縄自動車道を北に向けて走っていると、金武《きん》町あたりから風景の中に山が見えてくる。本島中部にさしかかっているのだ。名護市を経て最北端の辺戸岬あたりまでを山原《やんばる》と称されている。山があればそこには渓谷と川があり、その周囲にはかつて水田が開けていた。一昔前には琉球アユよばれた固有種が生息していたという。今でもヤンバルクイナにとっても重要な意味を持つ山地の風景なのだ。

産屋のこと

今帰仁村《なきじんそん》呉我山《ごがやま》で産屋《うぶや》にまつわる話が聴取されている。

呉我山には大井川の上流にあたる川が流れており、そこに子産堂《くわなさどー》というお産に使われた産屋があった。昔、その一帯には今のような道路はなく、人々は川沿いの小道をつたって伊豆味《いずみ》などにいった。

そして、その地方では妊婦がお産するときには、川を渡って向こう岸にある子産堂にいってお産をし、お産の後には再びその川を渡って戻ってくるという習わしがあった（以下後述）。

沖縄のお産は、以前には自宅でおこなうのが普通であるものの産屋の報告はみられず、源武雄はお産のときはたいてい台所に近いジル（地炉）のある部屋が用いられたという。この話を伝承していた運天政宏は物故し、子産堂がどこにあって、どのような建物だったのか確認することはできなかった。この話に語られる大井川は、呉我山のさらに上流にあたる伊豆味の山中を水源とする。現地を訪ねると呉我山と伊豆味の境界付近で、川を渡るところに子産堂橋という名の橋が架かっていた。話の中で語られた川を渡って向こう岸にあるという子産堂は、はたしてこの橋を渡ったのだろうか。現地で聞いても明確な答えはなかった。しかし、呉我山公民館の近くに子産堂石というものがあることを聞けた。

呉我山集落のはずれの公民館の道のそばに自然石が据えられていた。全体には三角形を呈するがサンゴ石特有のゴツゴツとした岩肌である。高さは二・五メートルほどあるだろうか、この石の由来を聞くと、

写真11　子産堂石

もとは公民館の裏を流れる川の中にあったという。以前に心無い人が庭石として川から引き上げたが、よくないことが多発して現在地に落ち着いた経緯があるという。

石の右側の丸いくぼみを女の人がくぐり抜けると子宝に恵まれるというので、このような名前ついたのである。子産堂そのものの所在は確認できなかったが、大井川に架かる橋や川底から引き上げられた岩塊が、お産にかかわりのあることだけは確認できた。またこのような伝承地そのものが呉我山集落のはずれで、伊豆味との境界を接した地点であったことも見逃せない。

伝承で語られた「川の向こう岸にある産屋」とはどのようなものであったのか。行間からは集落を外れたさらに川の向こう側という、いわば異界の地に産屋のあったことを推測できる。

福井県の産屋を調査した西山やよいによれば、産屋の位置はほとんど村はずれにあり、平地にあるときはその中でも最も低い場所で、海辺の近くや川のそばに建てられたという。聴取された話には、「サンゴヤ（産屋のこと）にいる間は誰に対しても気を使わず、どこかへ出かける必要もなく、なにしろサンゴヤのそばを流れる川を越えて出ることが許されなかった」のである。

ここには呉我山の子産堂と福井県の産屋は、集落から離れた川の向こう側という共通する立地であったことが興味深い。萩原秀三郎によると日本の産育儀礼には、橋参り、橋渡しという橋にまつわる儀礼があり、生まれて七日目にいくつかの橋をわたらせたが、この時まで生児は外に出さなかったという。また、同氏は中国苗族の習俗を紹介する中で、子どもを授けて欲しい時は、儀礼的な架け橋を掛けたことを報告する。屋外の橋もあれば、屋内の象徴的な橋もあって、子どもが生まれるためには現世と霊界をさえぎる川の障害を越えるために架橋せねばならないのだという。ここには、集落という現世と産屋がある川向は明らかに違う世界であると認識されていたことは明らかだ。

冒頭で提示した子産堂の伝承の後半を引用する。

　ある年の暮れ、習わしの通りある妊婦がお産のために川を渡り、子産堂でお産をすることになった。無事急流を乗り越えて向こう岸に行ってお産をしたまではよかったのであるが、いざ帰る時になって、残っている体力で川を渡るだけの力があるのか不安になったので、川岸の石の上で渡るのをためらっていた。すると、突然川に靄がかかって、しばらくすると川の中から水の精のカーガリーモーがあらわれて、「気の毒なことだ。私が手伝ってあげよう。私の手をとって歩きなさい」といって、赤ん坊を抱いた母親の手をとって静かに歩いてやっとのことで川を渡って向こう岸にたどり着いた。

ここで語られた川の精カーガリモーは、赤子を異界から現世に橋渡しをした神であったことを理解できる。沖縄の産屋のことをさらに暗示するのは、池間島のことを報告した伊良波盛男である。この島でも以前は家の中でお産をしたが、さらに古い時代のこととして、海岸のシーヤー（岩屋）のシルンナグ（白い砂）の上で生んだという話を聞いたという。浜にはお産のための仮屋ぐらいはあっただろう。また、死産で生まれたり、生まれてもすぐに死んだ子はアクマッシヒダの浜に埋めたという。墓に埋葬されることはなかったのだ。産屋は沖縄にはないだろうといわれたが、もっと深く追求すればこのような事例に遭遇するだろう。

ウガヤフキアエズ

名護市は本島北部の中心都市で、湾曲する海岸線に沿ってひらけている。名護湾の入口に防波堤が築かれるまでは、ピトゥ（イルカ）の群れが湾の奥までくると、住民がこぞって浜に集まり船を出してピトゥ漁を行ったという。四〇～五〇年前までのことで、ピトゥは水族館で見るものではなく、季節（三～五月）ごとにやってくる重要な食糧であった。このような名護地域で、お産にまつわる興味深い建築儀礼が伝承されていた。

屋根葺きの際に注意することとして、その家の家族に妊婦がいる場合、屋根を塞ぐと出産時に難産するといわれ、ヤーチヂの一部を必ず葺き残しておくという習慣があった。またイリチャーの上を、スルギ（ナディガヤともいう）で雨が漏れない程度にかぶせ、サヌ（ゲーンともいう）を差しておき、出産後に屋根を葺き終わるという儀礼もあった。これは、瓦屋根の場合も同様にした。それらの儀礼を「葺不合」といった。

沖縄の民家建築では、茅葺き屋根であったころの棟の頂上（ヤーチヂ）には、雨漏りを防ぐための覆い（イリチャー）が置かれた。ところが、名護では家族の中に妊婦さんがいれば、出産までの間は、イリチャーを置いて屋根を完成させるということはしなかったというのである。図1はヤーチヂの頂分にススキ（ゲーン）を差した様子を説明し、完成されていない屋根の開口部から、魔物が入らないようにす

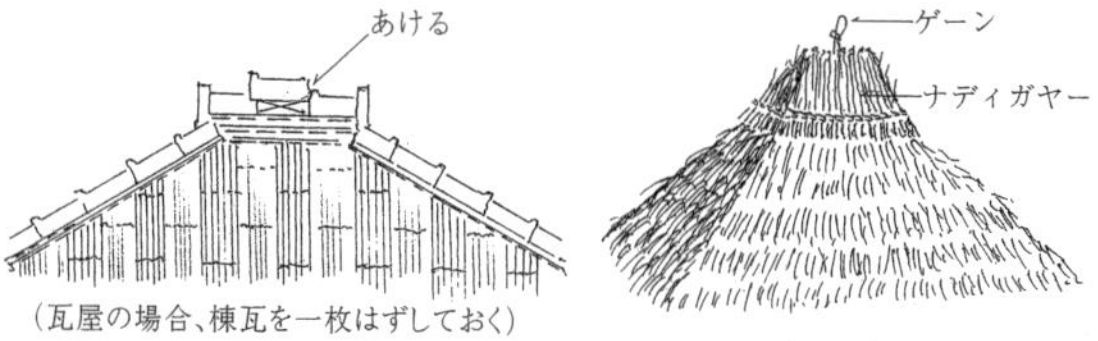

図1　名護市の「フキアエズ」の建築儀礼（比嘉 2001）

るためであるという。この習俗が瓦屋根になっても行われたというから、最近まで行われていたのである。

注目すべきは、屋根の葺き残しのことを「葺不合―フキアワズ―」であると表現する。ここにいたって、記紀神話のトヨタマヒメの出産にまつわる話が思い浮かぶ。『古事記』によれば、海神の娘であるトヨタマヒメは出産するにあたって、天神の子は海の中では出産できないというので、海辺のなぎさに鵜の羽で産屋が作られることになった。しかし、屋根が葺き終わらないうちに出産してしまったというのである。そこで、産まれた子の名を「天津日高日子波限建鵜葺不合命―あまつひこひこなぎさたけうかやふきあえずのみこと―」、略して「うがやふきあえずのみこと」である。日本神話の古代伝承と現代沖縄の建築儀礼がみごとに一致した事例である。

安川弘堂は、福岡県宗像市大島の産屋について報告している。「名付は昔は三日目にしたとのこと、その時産屋と称し、その家の門戸に図2の如く、ねんがら（木を一尺二、三寸に切って先を削ったもの）を四本建てこれに藁屋根を葺き、その上に芝を立てて包丁を置き、三〇日間を経て近隣の子供を集めてこれを毀させ、のち子供たちにご馳走を出した」というのである。この事例では模型をわざわざ作って棟の頂部に柴を挿すという。模型そのものの名称は明らかではないが、名護市の場合と一致して興味深い。

さらに、永留久恵は長崎県対馬の産屋について、『対馬紀事』木坂の習俗を記している。これによると、

図2　宗像市大島の産屋の模型（安川 1933）

「当邑、産婦有れば、俄に褥室を郊に造り、産舎未だ成らざるうちに分娩すと云う。之を原上《はるあが》りという」と、木坂集落では未完成の産屋のあったことを記す。

大正一四年の佐喜真興英『シマの話』は、沖縄本島中部の宜野湾市新城の民俗を書いたものであるが、これには「妊婦のある家は屋根を葺き合わせなかった。普通の時は屋根の頂を竹で覆うたのであるが、右の時は竹をかけずただ縄だけをかけたのである」と報告されている。このほかに、本島東村《ひがしそん》や伊是名島でも記録されていて、沖縄でのフキアワズと呼ばれた妊婦にまつわる建築儀礼はかつて広くおこなわれたのだ。

横井清は、かぐや姫がなぜ迎えの使者と共に屋根から月に帰っていくのか考察した。「周知のとおり烏の鳴き声によって吉凶を占う民俗は古くからのことであり、(略) 屋根の上、それも棟に飛び来たって群がり騒ぎでもすると、これはもはや、不吉の兆しの最たるものであったらしい。屋根・棟は、かぐや姫を迎えに降ってきた「飛ぶ車」が竹取の翁の屋敷の屋根の上に停止し、また娘の尚侍《ないしのかみ》嬉子を亡くした日に藤原道長が対《ない》の屋《や》の屋上で魂呼《たまよばい》をなし、愛娘をこの世に呼び戻そうとしたように、冥界・他界との通い路という隠喩を保ち続けたのである」と、屋根の意味するところは他界との通路であろうと考えた。

しかし、沖縄のフキアワズと記紀神話のめぐり合いはどこにあったのだろう。ここには列島規模で建築儀礼にまつわる、一致を超えた生死観が響きあっている可能性も見え隠れする。

三　久高島

久高島は沖縄本島の太平洋側にある離島である。沖縄の人々にとって久高島は、神の島という形容詞を冠して尊敬を込めて語られる。かつてはイザイホーに代表される神にまつわる祭祀が数多く行われたことによるのだろう。久高島は朝の太陽が最も早く出現することから、太陽が生まれる島とも考えられた。知念崎にある琉球王府時代の斎場《せーふぁ》ウタキには、久高島を望んで日の光を拝むためのティダ穴（ティダは太陽のこと）がある。久高島へは安座真港から船便で一五分の距離である。

五穀の起源

かつて沖縄には各地に水田の風景が広がっていた。しかし、島のほとんどはサンゴ礁が隆起してできているため、保水性が悪く田んぼを作り秋の実りを迎えるまでの管理には不向きな土地柄であった。とくに久高島のように川もなく天水だけに頼る島ではなおさらであった。しかし、この島には沖縄の五穀発祥の神話が伝承されていた。五穀とは米、麦、粟、きび、豆などの主要な作物のことである。我々の日常生活にとって基本となる作物がこの島から始まったというのである（崎原　一九八一）。

アマミキヨが大島よりくるとき、海があれてタニムンの壷がなくなった。それには大麦、小麦、ハダカムギ、アワ、アカデの苗が入っていた。それから幾世代をへて久高に流れついた。アカチミが取ろうとしたがとれず、アカチミのウミナイビがヤグル井で水浴びしてあと左の袖で取った。アマミキヨが波に落としてしまった壷であった。（ウミナイビは女王、お姫様のことであるがここでは尊称としての意味があろう——筆者註）

写真12　久高島東海岸の伊敷浜

これは久高島の西銘シズが語った五穀の起源にまつわる話である。西銘シズは島の祭祀に深く携わってきた神女（ウッチュガミ）のひとりである。アカチミが聖なる井戸で水浴びして浜にもどると、壷のほうから袖に収まったという話もある。

ウプラトゥ（大里）家に伝わる別伝は、五穀の入った壷は東海岸の伊敷浜に流れ着き、麦はハタスという島の中ほどにある畑に蒔き、壷もここに埋めたといわれている。

伊敷浜は東海岸に広がるサンゴが細かく砕けた白砂の浜である。西銘豊吉の語る壷の漂着話はもっと具体的で、浜に大きな石が三個あり、その南側の真中より壷が入ってきたというのだ。いまはこの石はみられない。

五穀の種が蒔かれたというハタスは、伊敷浜から急な坂道を上った中にある。畑の一画には伊敷浜を拝むようにコンクリートで囲まれた拝所があり、ここが聖地として崇められていることがわかる。これらの話に登場する聖なる井戸とハタスはウプラトゥ家の管理する聖地であり、西銘はここのアカツミー（男神）として、神話と神話が語られた土地を守ってきた。野本寛一はハタスは麦と粟、小豆はそれぞれに分けて種を蒔き、そこから収穫されたものは、ウプラトゥ家で調理して島人こぞって食べたという。ここには、聖地で収穫された食物を共食するという儀礼食としての意味があったのだ。また、麦の種蒔きの時は、ノロ地、根人地での種蒔きが終わらないと、各々の畑に蒔けなかったという。

久高島にあって最も古い家系とされるウプラトゥ家の存立した基盤が、この農耕神話とそれにまつわる場所としてのハタスであった。この島は沖縄の五穀発祥の地として多くの伝承が語られてきたが、この中には稲にまつわる伝承がはずれている。島の自然条件は稲作には適していないことは事実である。

稲作の起源地

稲作の起源を伝承するのは沖縄の各地にあるものの、その有力なひとつは久高島の対岸の地、知念半島の百名《ひゃくな》である（玉城村教育委員会 二〇〇二）。

写真13　五穀の種が蒔かれたというハタス

写真14　鶴が稲を落としたと伝えられる水田

受水《うきんじゅ》のそばに三穂田《みーふーだ》という田んぼには今も稲がうえられています。これは新原《みいばる》にカラウカハという泉があるんです。このカラウカハという泉に一羽の鶴がね、稲をくわえたまま死んでいる。そして、稲から芽が出ておったもんだから、この一羽の鶴はアマミキヨの子孫にあたる天美津《あまみつ》という人が伊波《いは》按司《あじ》から聞いて、中国から放たれた鶴だと分かっておったもんだから、これを受水走水《はいんじゅ》の三穂田に植えた。（以下略）

中国から稲をくわえた鶴が落とした田んぼというのは、玉城《たまぐすく》村百名ビーチの近くにある。海岸までは二〇〇メートルほど離れているだろうか。そこは海食崖の崖下で三か所から地下水が流れ出て、その水を受ける上下二段の小さな水田があり、受水の口から流れ出た水は百名安里の田を潤し、さらに二メートルほど下の仲村渠《なかんだかり》親田に流れている。走水から流れて出た水は北のほうに流れている。現在でも地域の年中行事として、旧正月初午の日にここで田植えが行われて、その年の収穫を予祝する稲作儀礼そのものである。しかし周辺はサトウキビの畑がひろがり水田は姿を消した。いつまで田植えの儀礼は行われるのだろう。

久高島の話に再び戻ると、外間守善は島の中心部にあるハンチャアタイ（神田畑）という所は稲作にかかわる地名で、その近くにはミャーハブと呼ばれた湧水池もあり、ここで稲作が試みられたのではないかと記している。湧水池であったとされるところは、現在は診療所などが建ち地形は変わってしまったが、島の人に聞いても水遊びの場所であったという。小規模ながら、かつてこの島にも水田のあったことが想定される。

ところで、考古学の分野では、沖縄の稲作の始まりをどのように考えているのだろう。高宮広土はフローテーション法という技術を用いて、遺跡から出た土を水洗いし、種子や炭化物を回収してその中の穀物の種などを分析した。その結果、稲作や畑作の始まりは八〜一〇世紀のいわゆるグスク時代であろうとした。沖縄本島中・南部は主として麦類、粟などが栽培される畑作であり、本島北部から奄美地方は稲作農耕が卓越したと結論づけた。

地理的には中・南部は河川が少ないのに対して、北部は山原といわれるぐらい山岳地帯で、水が豊富で水田を営む自然的条件は整っていた。現在の稲作はどうなっているか。本島では金武町や名護市でほんのわずかしか残っていない。八重山諸島では今でも石垣島や西表島、小浜島、与那国島などで水田風景を見ることができる。

島建て神話

島を建てるとは沖縄の独特の言い回しかもしれない。島はシマにも通じる。つまり血縁的な関係者や地縁的な集団によって、未開拓地や無人島に入植して集落を営み始めたとき、島を建てると表現した。あるいはまた、島そのものを神が創造したという神話が語られ、中心的な役割を果たした家族や夫婦が登場する。内間マサという神女が継承した久高島の島建て神話は興味深い（崎原 一九八一）。

この久高島はアマミヤー神様があっちの本島からね、海を渡ってこっちに来ていらっしゃってこの木の竿持って来てね、この久高の海にこんなに立ててからに海を上げになって島を造った。また、この久高の始まりはね、シラタローファーガナシーというね、この人は神様で、こっちにお宮があるでしょう。この神様が知念村の百名から久高島に渡っていらっしゃってよ、この久高を造ったという。私はね、シラタローファーガナシーという神様が生んだ息子の子孫。

内間マサは自らを神様の子孫であると自覚してこの神話を継承したのである。また、木の竿のことは西銘豊吉が語っている（同前）。

島に作物も木もないときに、神がワシになってオテントウサマより下りてきて、アマミキヨをつくられた。七尺の赤、黄と色のついたものを高いところより立てて久高島をつくった。アマミキヨはオテントウサマと行ったり来たりしたという。この棒は今でも外間トンにあったが、今年旧暦六月六日にウーザムト（御座元―棒を立てたところ―）にオミヤをつくってそこに移した。

福治友邦はクルキミボーであるというが、最初に立てかけた石というのが伝承され屋敷地だけが残る一画にある。地元ではアマミヤの腰かけ石といわれて、フサティムイから続く森のなかにあり、ここは（屋号ウッチグワ家）島建てに関係した古い家系である。樹木が生い茂った奥に、高さ三五センチほどの円柱で、頂部は平たく加工されている。根の部分はあたかも自然石を削り出したような痕跡が見られて大地から生えているような形である。まさに島造りの基点と観念された石柱である。アマミヤが島造りに使ったというクルキミボーは、赤く塗られた二メートルほどの棒で、島を払って清浄にする祭りの前日に、男性の神職によってこの石柱に棒が立てかけられて祈願が行なわれる。

海中に棒を立てて島を造ったという神話は、久高島独特の話ではなく宮古・八重山の島でも語られた。石垣島の島造り神話を紹介する（丸山 二〇〇五）。

神の石垣島造り（abcは筆者が付す）

a　昔、大昔のこと。太陽加那志《ていだがなし》が、あまん神を呼んでいった。「お前は、天の下に降りて行って島を造れ」そこで、あまん神は、いわれたことを守って、島造りの仕度を始めた。あまん神が、太陽加那志から島造りの土や石をたくさん貰って、天の七尺の橋の上から、島のできそうな天の下の海の真中に投げ落として、天の鉾でかきまぜると、見ているうちに島ができあがった。この島が今の八重山石垣島だということだ。

写真15　アマミヤの腰かけ石

b　この島には、阿旦の木が茂ってその実は香り高く稔っていたが、これを食べる人間や動物はまだ造られていなかった。それからずいぶん後になって、阿旦の木の茂る穴の中でヤドカリを造ったが、不思議なことに「カブリー」と、あまん神が大声をあげて地の上を這い回ると、ヤドカリは阿旦の木の実を食べて生きるようになった。いつの間にか島のあちこちにヤドカリが住むようになった。天の下のことを心配した太陽加那志は、それでも天の下のヤドカリだけでは淋しいと思って、しばらくたったころに人間が生まれるようにと人種を降ろした。

c　すると、ヤドカリが出てきた同じ穴から、玉のように美しい男女の若者が「カブリー」と言って出てきた。地上に出てきた二人の若者は、赤々と熟れている阿旦の実をみつけた。「これはなんとおいしいものだろう」と、お腹をすかしていた二人はがつがつ食べた。阿旦の木は二人の若者にとって命の木となった。太陽加那志は、二人を池の端に立たせ、お互いに反対の方向に池の端を回るように言いつけた。二人の若者は言われたとおり池の端を回っていると、ばったりぶつかって思わず抱き合ってしまった。そこで二人は夫婦の約束をして、やがて三人の男の子と、二人の女の子に恵まれた。それから、年とともに八重山には人間が増えていった。

これほど興味深い、島と人間の起源を語る人が現代にいること自体驚きである。まるで奈良時代の太安万侶ではないか。この石垣島造りの段落にa～cの記号を付したが、すべてが『古事記』神話のモチーフを髣髴させる。aはおのころ島の段「二柱の神、天の浮橋に立たして、その沼矛《ぬほこ》を指して下して、画か《か》せば、塩こをろこをろに画き鳴らして、引き上げます時、その矛の末より垂《した》だる塩の累積《つもり》、嶋と成りき」に対応して、海の中に矛を入れてかき混ぜたことで島が生成されたのである。bは人間の起源が語られている。まず最初にヤドカリが生まれて、同じ穴から男女が生まれたという。二人はアダンの実を食べて命をつないでいた。アダンは果実ではないが熟すとほのかな甘い香りが漂う。こぼれ落ちた内側は少し柔らかいので口に含むとたしかに甘みがある。cは神がこの男女に池の周りを逆に回らせたことで、抱き合うことに目覚めさせ、やがて人間が増えたという。これもイザナキとイザナミによるおのごろ島の創造に続く、天の柱を逆に回って島を生んだストーリに対応する。丸山顕徳は、神話世界で語られる兄妹婚には、近親婚の弊害を避けるための婚前の呪術儀礼があったのではないかという。つまり、神話の中の兄妹は、本来肉体的には一体であった。そうであれば、そこから人間を増殖させるためには、この一体化した男女を分離させ、その上で再結合させる過程の原理的な説明であるとする。

それにしても、どのような連関で時間も地理的にも隔絶しているにもかかわらず、古代伝承と同じモチーフの話が語られたのかまだ解明されていないようである。

天の子種

比嘉康雄は沖縄の民俗行事の写真を精力的に取り続けて貴重な映像資料を残した。ことに久高島では、西銘シズとの長年の友誼から、島の年中行事について上下二巻の著作をものにした。この本の中で最も印象深いのは、彼女から聴取したひとつの歌、「アガリナーヌへーナ」である。この歌を聴取したときのことを、「この歌は卑猥だからといって、西銘シズ氏はなかなか話してくれなかったが、聞いてみると卑猥どころか、トゥイヤウタティ（鶏が鳴いて）と表現されているとおり、あけもどろの太陽と交わり子どもを産もうという雄大な歌である」と絶賛した。以下がその歌である。

東方ニラーハラーに向かって　鶏は鳴いて　尊い女よ　女陰をうち開けて　ムルトゥヌギ　ムルグゥルイ　男の子の誕生をお願いしよう。

ムルトゥヌギ、ムルトゥルイは、太陽と交わる様を表現しているという。この歌はかつて正月行事の中で、男性の神人との盃事のときに歌われたという。しかし、どうも正月儀礼とこの歌は似つかわしくない。この歌の背後には、選ばれた神女による太陽との聖婚儀礼があったのかもしれない。場所は五穀の壷の流れついた伊敷浜である。巫女はこの浜で太陽に向かって女陰を露にし、子種を授かるという神話的世界を演じたのであろう。

このような太陽神との交感により、子どもの授かる神話は粟国島や伊良部島でも伝承されている。

昔、伊良部村にミガという名の美しい娘がいたが、あまりに美しいので他人にだまされないように、家から出さずにいた。その娘が朝早く外で小便をしていると、太陽の手が差し込んで子を産んだ。長兄は父なし子は家では生ませないと怒るが、次兄が家を建てて生ませてくれた。その子は美しい女の子で、成長すると、わたしは神の子だから比地屋に行くといって去ってしまった。母も子の後を追って比地屋に行き、そこの神となった。

久高島の西銘シズの話は鶏が鳴き始める時であったが、伊良部島の話も早朝の太陽が上り始めるころのできごとだった。

　ここに図示したような、表面に絵を描いた土器の欠けらが奈良県の唐古・鍵遺跡から出土している（図3）。二〇〇〇年ほど前の弥生時代の壷の胴体に表現された人物像である。両手をかざして、鳥の羽のような大きな裾を開いている。鳥装の巫女を表現していると解釈されている。下半身は木の葉形をした女陰を露にした立ち姿である。女性であることのシンボルをここまでデフォルメして表現するのは、久高島や伊良部島に伝わる物語に通ずるところがあるのではないか。

　絵画土器には、この巫女を表現するほか鹿を狩る場面なども描かれている。土器は大型で日常的には使用しない特異なもので、穀物の貯蔵用であると想定されている。このような絵画土器には穀霊が宿ると考えられ、農耕の神事にかかわる場に置かれたのだろうという。そして、壷の表面に女陰をあらわにした巫女が描かれていると解釈できれば、二〇〇〇年の時を越えて、南島の神女たちによって語られてきた、天の子種の物語と共通するモチーフとして、この絵画土器に新たな視点として、太陽の子種を待ち受ける巫女の姿である可能性も見えてくるのではないだろうか。久高島の神女たちは祭祀に臨むとき上着は帯などで結ばない。裾はひらひらと風に吹かれている。

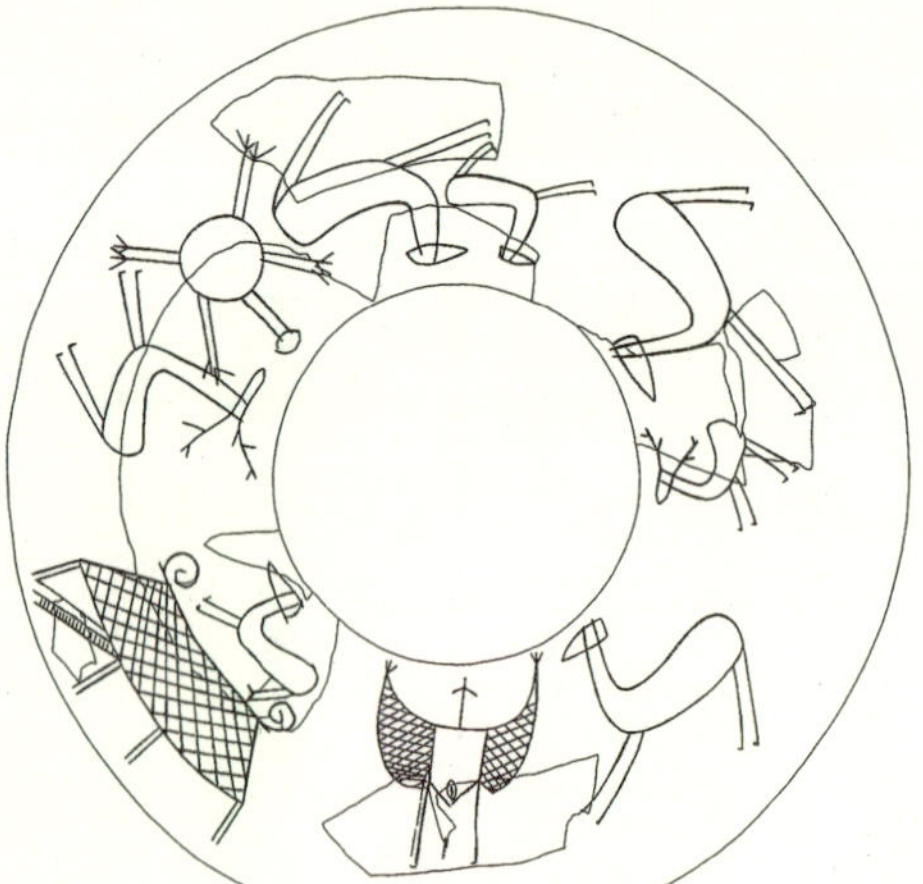

図3　唐古・鍵遺跡出土の弥生時代の絵画
（藤田 1997）

沖縄の離島を旅していると、孤島苦という独特の響きを持つ言葉が頭をよぎることがある。久高島は沖縄本島から近くにあり、孤島とは呼ばないだろうが、島で暮らすことの閉塞感と濃密な社会の中での日常生活がある。このような暮らしの中でなんと豊穣なイマージネイションを駆り立ててくれる歌であることか。

写真16　ウプラトゥ（大里）家（左：根ウプラトゥ、右：五穀世ウプラトゥ）

他界に通じる井戸

集落の奥まったところに、神山であるフサティムイ（フサティ森）があり、ここから北には家は建っていない。集落の北限を限る森である。この地域には久高御殿庭《くだかうどんみやー》といわれる祭りの場があり、歴史的にも島建てにまつわる古い家々が屋敷を占めていた。そのような一画にウプラトゥ（大里）家がある。今は住む人もなく、拝所のひとつとして村によって管理されている。正面のヒンプンをはいると左右に二棟の木造の建物がたっている。左が根ウプラトゥと呼ばれて、細いチャーギの柱が屋根の軒を支える伝統的な家屋である。右側はやや小ぶりで、五穀世ウプラトゥと呼ばれる。神アシャギでいわば神を祀る建物である。ウプラトゥ家は前述したように、五穀の壺が伊敷浜に漂着した折に拾い上げたという神話を伝承した由緒ある家系である。神殿はこの神話にかかわる神々をまつるのであろう。

屋敷の叢林の根元に、こぶし大の石を積み上げた船形の井戸（カー）がある。長さは約四・二メートル、最も広いところの幅は約一・八メートルあり、平面的には先が少し狭まった長方形である。これを船形と認識することができるのか疑問も残るが、内側は井戸とは名ばかりでサンゴ砂が敷き詰められ、ここからニライカナイに通じているといわれる。ニライカナイは、豊穣をもたらす神々のいるところとされ、東方海上の彼方にあるという観念上の楽土である。つまりこの船形は、イシキ浜の五穀の豊穣をもたらした神の船を具象化したのだろう。

このような井戸はイチャリ小家《ぐゎ》の一画にもある。ここも住む人はなく拝所として管理されている古い家である。正面を入って右側の建物の隅にあるニラーヌハングゥムイと呼ばれ、井戸は長径約一・三メートル、短径一メートル、深さ約三〇センチの大きさで、ここも底には砂が敷かれて井戸とは名ばかりである。

久高島で実際に利用された井戸は、すべて西海岸の崖下に点在する。このように集落の中に井戸が発見

写真17　船形の井戸（カー）

されることはない。しかし、架空の井戸であっても、こんこんと湧き出る水はニライカナイからの贈り物であり、これらの井戸は神々の世界に通じていると解釈した。

宮古島市島尻には、仮面を被り蔓草で全身を覆った神が集落を訪れるパーントゥの祭祀がある。この神は集落の外れにあるンマリガーと呼ばれる古い井戸から出現する。

祭りの当日、パーントゥに扮する若者三人は、あらかじめ水がすべて汲出された井戸に入り、底にたまったヘドロを全身に塗り、仮面にも塗りつけてグシャンという杖を持つとパーントゥ神の誕生である。日没を待ってその姿で集落に出現することになる。集落では子どもを追いかけ、また大人たちにもこのヘドロを塗りつけたりして駆け回る。このような神は祖霊の姿であると観念されているという。

パーントゥの誕生するンマリガーの井戸は、以前は子どもが誕生した時の産水を汲む井戸であり、死者のための水を汲む井戸でもあった。また、五月から六月のきのえ・うまのズーコモーイ（節―シツ）には、そのシツの間に誕生した子どもにバハミズ（若水）をこの井戸で汲んで浴びさせたという。島尻のンマリガーと呼ばれる井戸は、祖霊の誕生地であり、ンマリガーを通じて他界とつながっているのである。

久高島には天につながる場所もある。ハンチャタイといい、この東隅の一画に小石を集めたところがある。ここを天の門（ティンノジョウ）という。以前は現在よりもまだ小石が高く積まれていた。ここに天から縄が下りてくるという。集落の中心にほど近い場所にあり、その部分だけが道が取り囲む草地になっている。しかし、どのような時に天から縄が降りてくるのか忘れられた。久高島だけではなく、沖縄の各地には、ニライカナイに通じる井戸や祖霊との交信のできる場所がいたるところにあったのだ。

四　津堅島

津堅島へは与勝半島の先端、平敷屋《へしきや》港から二〇分ほどの船旅である。海上右手にはかすかに久高島を遠望できる。山はなく低島であるため、集落のたたずまいは久高島によく似ている。しかし、集落の外は一面に広がるニンジン畑である。島の人は一年中畑に出てニンジンの管理に忙しい。年中行事で特質されるのは、マータンコーとシマクサラシ、ハチウクシなど多彩である。

中城湾を巡る攻防

ＪＡＸＡ（宇宙航空研究開発機構）沖縄宇宙通信所が出している、「地球観測衛星から見た沖縄本島」は、空からの沖縄本島の鳥瞰図になっている。本島の陸域は北端の国頭《くにがみ》に広がるヤンバルの山々から島尻の知念崎まで複雑な地形をみごとに写している。海域は濃紺色に処理された海に点在する島々と、島を取り巻くサンゴ礁の白がくっきりと縁取り、その中には陸地にはならないまでも、干潮時には砂浜が出現するサンゴ礁まで観察することができる。

上空から見た久高島と津堅島は、中城湾の外縁にできたサンゴ礁の連なりの中で隆起した島であることがよく分かる。この連なりは、南は奥武島《おうじま》から北は与勝半島の先端の伊計島まで延びて、サンゴ礁に囲まれた内湾が中城湾である。このような環境は、太平洋の波の影響を受けにくい比較的穏やかな海面をつくり、歴史的には中城湾《なかぐすく》を巡って海上交通が活発であったことをうかがわせる。そのひとつがグスクとよばれる山城が湾を取り巻くように各所に築かれた。

代表的なグスクは与勝半島の勝連グスクから、南に下って中城《なかぐすく》グスク、大里グスクと知念半島にある知念グスク、垣花グスクへと連続する。各々は地域の首長の拠点となり、琉球が一四〇六年に統一され、首里城を中心とする国家体制が確立されるまで、沖縄の戦国時代を戦っていたのである。

写真18　勝連グスクから中城湾を望む

沖縄の戦国時代の代表的な武将は、護佐丸《ごさまる》と阿麻和利《あまわり》である。ともに本島中部の出身であるとされるが、勝連グスクと中城グスクをめぐって戦ったライバルであった。

阿麻和利は生まれつき体が弱く歩くこともできなかった。こんな子は役に立たないと親に見離されて山深くに捨てられた。この子は頭がよく、クモが巣を作るのを見て漁に使う投網をつくった。中城湾ではたくさんの魚がとれたので、百姓たちに分け与えていた。百姓たちも阿麻和利に感謝していつの日か恩返しをしたいと思っていた。

そのころの阿麻和利は、機知にたけ沖縄を統一して王になる野望を抱くようになっていた。屋慶名《やけな》アカーという武将を味方につけ、その手始めとして勝連グスクを落とすことにした。勝連グスクは中城湾を見下ろす山に築かれ、難攻不落の城であった。そこで、以前魚を分けてやった百姓たちに、中城湾いっぱいにタイマツを持たせた。勝連グスクの主はこのタイマツの明かりを見て、すっかり取り囲まれたと観念し阿麻和利に城を明け渡した。

それから幾年かたち、阿麻和利は次に落とすべきは中城グスクの護佐丸であると考えた。その当時、護佐丸は首里の王に娘を王妃として出していた。そこで、阿麻和利は一計を案じて、護佐丸が首里に謀反をたくらんでいるから、自分が総大将となって討ち取ろうと王に申し上げた。首里の王はなかなか信じなかったが、計略は成功して阿麻和利軍が迫る中、護佐丸は自害して果てた。

首里の王と護佐丸の娘の間には百度踏揚《ももとふみあがり》という娘があり、成長して親を討った相手である阿麻和利に嫁ぐことになった。そのころ首里の王と阿麻和利は互いに張り合う勢いがあり、阿麻和利の真の野望ももう少しで遂げられるところまできていた。そのことを察知した百度踏揚は、家臣の鬼大城《おにおおぐすく》とともに首里城まで逃れ、阿麻和利のこれまでの計略をあばき、鬼大城を総大将とした軍に討ち取られて野望はついえた。

勝連グスクは沖縄県内の世界遺産のひとつとして登録された。中城湾の北、本島から与勝半島が細長く太平洋に向かって延びるが、もっとも高い位置にグスクは築かれている。曲線を描いた城壁は日本の城の石壁とは違い、どこか中世ヨーロッパの城かと錯覚してしまう。グスクは丘陵の尾根（九八メートル）を造成して、斜面地に城壁を巡らせる。城へ入る門は三か所にあったと考えられている。城壁の内部はサンゴ礁の岩山を三段に造成して、一の曲輪《くるわ》から四の曲輪まである。二の曲輪の建物は二層構造の屋根を持ち、建物に入る石段が三か所ある最も重要な施設であったようだ。調査によると一一〜一二世紀にはグスクは築城されていたが、一五世紀のころには現在見られるような、城壁と瓦を葺いた建物が建てられたようである。ちょうどそのころが、阿麻和利が勝連グスクを奪取した時期にあたる。

写真19　勝連グスク

グスクの頂上に立てば南西方向には、阿麻和利によって撃破された中城グスクが間近に確認でき、太平洋を見渡せば中城湾から遠くには知念半島まで視野に入る。戦国の時期にあっては、まさに戦略上最も重要な地点にグスクが築かれたことがわかる。

ところで、中城湾の外縁に位置する久高島、津堅島やその外の浜比嘉島、平安座島、宮城島、伊計島には、大形の武将クラスのグスクとは別に、小規模なグスクが築かれた。

津堅島のグスクは、津堅小中学校の背後の山にアラカワグスクとクボウグスクがある。クボウグスクは中城湾に突き出した標高二九メートルにあり、地形に沿って石垣が断崖の上を巡っている。入口は南にあるものの樹木が生い茂って中に入ることができない。

　久高島のグスクはティミグスクと呼ばれる。島の中央付近で西海岸に突き出す崖上にある。ここも中城湾を向いたグスクで、平坦面に作られ一八×一四メートルの石垣が方形に巡っている。このほか、伊計島には伊計グスク、宮城島には泊グスク、平安座島には西グスク、浜比嘉島には比嘉グスクがそれぞれ独立丘陵の最高所にあり、これらも中城湾や太平洋を望む位置に築かれた。中城湾を中心に据えてこれら大小のグスクをみると、この湾を押さえることが太平洋への出入り口を確保したことになる。勝連グスクの調査では、中国製の陶磁器や古銭、あるいは日本製の刀、ガラス玉や鎧などが出土して、日・中との貿易が盛んであったことをうかがわせる。島々にある小形のグスクが中城グスク（護佐丸）に属していたのか、勝連グスク側（阿麻和利）だったのかは分からないものの、琉球国が成立するまでは、緊張をはらんだ海域であったことは確かであろう。

ウルマンツァー

旧暦一二月八日は沖縄本島を中心にした年中行事、鬼餅《むーちー》の日である。子どもたちは自分の年の数だけ食べられるとあって楽しみである。月桃《げっとう》の葉に包まれた餅の香りは独特のもので、幼心に深く刻まれるなつかしい味になる。食べ滓《かす》の葉は、あとで十字に縛り家の軒下や玄関先に吊るされ、ムーチーを湯がいた汁は、鬼の足を焼くといって門先にまかれた。ムーチーにはよく知られた由来話がある（比嘉政夫　一九九三）。

昔、ある村に乱暴者が住んでいた。村の家畜を盗んでは食べ、酒を飲んでは暴れてばかりいた。やがて村から追い出された男は、山のほら穴に住むようになり、いつしか人を食う鬼に姿を変えていた。そこで男の妹は兄の好物であった餅をこしらえてほら穴に向かった。妹は見晴らしのよい崖のうえに鬼を誘いだし餅をすすめた。ところが、その餅には鉄が込められていた。妹は普通の餅を食べ、鉄の餅を食べた鬼は、妹の歯の強さに恐れをなした。

しばらくすると、妹が着物の裾をからげて足を開いてみせた。鬼が「その下の口は何だ」と聞くと、妹はこともなげに「上の口は餅を食う口、下の口は鬼を食う口」と答えた。おどろいた鬼は、後ずさりして足を踏み外し、悲鳴を上げて崖下へ転がり落ちていった。

写真20　ウルマンツァー

この由来譚は子どもの健康祈願とどのようにつながるのかもうひとつ明らかではない。しかし、鬼の災厄にあわないために、香りの強い月桃とべとべとした包みの葉を家の外にぶら下げ、さらにゆで汁の熱湯で鬼の足を焼いて、子供から遠ざけようとしたのであろう。

ところで、津堅島にはこのムーチーの日に、ウルマンツァーといわれる人形が月桃の葉と一緒に玄関先に吊るされたという。この人形を前嘉保京子が保管していた。二体一組で全長は二〇センチほどあり、ユウナの木で作られて、全身をススキで衣服の替わりに覆い顔だけを出している。頭部は三角形と丸形の区別があり、三角形の人形は弓を持つ男、丸形の頭部の人形はなぎなたを持つ女であるという。

前嘉保は、ムーチーを食べた後にウルマンツァーの口元にもムーチーを付けてやり、葉と一緒に吊るした。煮汁は家の門や屋敷の四隅に撒いて、鬼を追い払ったという。翌日にはウルマンツァーは子どもの遊び道具になって、たいていは残らなかったのである。

本島北部の中心的な都市である名護市の博物館には、ウニバチョール（オニバチロー）と説明された人形が玄関に飾られている。一〇年ほど前に名護市久志の人によって復元されたという。久志といえば太平洋側に面した地区である。人形は一体で一・五メートルほどの竹竿の上に顔面は木、体は稲わらで形が作られて、腰には木刀をさしている。

写真21　ウニバチョール（オニバチロー）

『久志字誌』によると、「ウニバチョールと称して太刀を差し、力餅を抱きこんだ武者人形を作り、それを竹竿に差して、月に向けて中ヒンプンに立てた。その由来については不明であるが、鬼を退治する意味があったと思われる。子どもたちはウニバチョール取り合いで人々の寝静まる深夜から夜明けにかけて競い合い数多く取るのを楽しみにしていた。各家では冷水をかけて取られないように応戦して賑やかな攻防戦がくりひろげられた。子どもたちや思い思いの変装した船人（プナトー）たちがティル（小さな竹籠）を持って「ウニムチ　クーヤビラ」といって各家庭をもらい歩いたがこのふたつの遊びは戦後すっかりなくなった」という。

ここでも人形にムーチーを持たせたのである。立てられた場所がヒンプンであれば、ちょうど屋敷の中と外の境界に立てられたことになり、外から侵入する鬼退治にとっては好都合の場所であった。

ふたたび津堅島のムーチーにもどると、以前はムーチーの日には牛を殺し、のど笛を左縄に結わえて村の入口に張り渡したという。これは一一月二三日に行われるシマクサラシと全く同じ行事なのである。つまりムーチーの日には、村の入口と家の門に二重の防御線が張られたのである。このころになると、沖縄でもムーチビーサと呼ばれる寒風が吹きはじめて本格的な冬の到来となり、風邪が流行るのを警戒したのであろう。

初起し――津堅島の正月――

それにしても、津堅島は興味深い島だ。沖縄の中では与勝半島の地域は古い民俗を残しているといわれている。津堅島はまさにその一画にある。表題の初起《はちうく》しは、旧正月（一月三日）に行われる、新しい年の作物の豊作を祈る正月神事である。この時期、一般的には個人の家ではじめて畑などに出かけることで、新年の仕事始めとすることが広くおこなわれている。しかし、津堅島では神女たちの集団と男たちに分かれて、問答形式で行われる予祝神事である。

今年の初起しは新暦二〇〇〇年一月二八日であった。場所は津堅殿内《とぅんち》の庭である。午後から祭りの準備が始まって、三時過ぎから開始された。当日は男二一名、女一二名が殿内の建物の前に、東西に分かれて互いに向き合うように着座した。その真中には新盛《しんむぃ》といわれるご馳走と、その上にしば木、サツマイモのつる、菜種、ソテツ、松葉、笹、タモの葉などが飾られて、山のようになっている。新盛は二盛りである。このあと、三線、太鼓の音とともに開始された。問答の内容は安陪光正の報告による。

男：お願いがあって、私たち村人がここに参上いたしました。そのお盆のご馳走に立ててある草木は何ですか。

女：お答えいたします。こんなに山のようにご馳走をお供えいたしましたのは、恩納岳の山の木が繁りあっているように、昨年よりも今年はさらに食べものが豊かになって、幸せな世になりますようにとのお願いでございます。

男：お供えの松は何のためですか。

女：お答えいたします。この若松のように、昨年よりも今年は津堅島の人たちが、老いも若きもみんな若返って元気になりますようにとのお願いでございます。

写真22　新盛という山盛のご馳走

男：お供えの竹は何のためですか。
女：お答えいたします。竹は互いちがいに順序良く枝を出していますが、津堅島の人たちが、このように仲良く幸せに暮らしてゆけますようにとのお願いでございます。
男：お供えのチバの木は何のためですか。
女：お答えいたします。チバはチバル（頑張る）に通じます。津堅島の人たちが、仕事にしっかり精を出し、速く、てきぱき仕事ができますようにとのお願いでございます。
男：お供えの大根は何のためですか。
女：お答えいたします。津堅島の人たちがさしている真鍮のかんざしを、津堅大根の白い花のような銀のかんざしにしてくださいますようにとのお願いでございます。
男：お供えのナラリ（菜種）の花は何のためですか。
女：お答えいたします。昨年銀のかんざしをさした人は、今年はこの黄金《こがね》の花のような金のかんざしにしてくださいますようにとのお願いでございます。
男：お供えのソテツの青葉は何のためですか。
女：お答えいたします。ソテツの青葉はまっすぐに伸びて、そろって小さく葉分れをしています。津堅島の人々の心も、この葉のように率直に、お互いが協力して助け合ってゆけますようにとのお願いでございます。
男：お供えのイモヅルは何のためですか。

女：お答えいたします。このイモヅルのようにしなやかに、のびのびと津堅島の人たちが思いやりのある、やさしい心を持つことができますようにとのお願いでございます。

以上のような問答が一通り終わると、ジャガイモの入った大ザルを頭に載せた女性が登場して、ジャガイモを地面にこぼした。それを皆で拾ってはザルに入れることを繰り返すのである。それは、持ち切れないほどの実りを島人に約束するというパーフォーマンスである。この後は三線と太鼓がリズミカルな曲になって、かわるがわる広場でカチャーシーが踊られ散会となった。

新盛に飾られた七種の植物は、新しい一年の勤勉と豊作、健康などを祈る象徴であった。男の側からの質問に対して、答える女は神女の中でも最高位の人であり、いわば神の言葉として新しい年の幸福が約束された初起しの神事なのである。

なお、二〇〇七年三月一一日には、うるま市民芸術劇場で「うるま市与勝五島の伝統芸能」が開催され初起しも演じられた。

マータンコー

津堅島には毎年決まった日に、海からやってくるマータンコー（魔物）が島の作物を食い荒らし、娘を生け贄にするという伝承があり、これを再現したような年中行事がおこなわれている。行事の内容は今ではほとんど省略されているが、沖縄ではほかに事例を見ない特異なものである。マータンコーの伝承とは次のようなものである（遠藤編　一九九〇）。

昔、津堅島では毎年一〇月になると、海から上がってくる体がひとつに頭が七つもある蛇の魔物にごちそうを食べさせていた。しかし魔物はお腹が空くとすぐにやってきて、美しい娘までさらっていた。一〇月一三日が近づくと、島のじいさんたちはトゥマイ浜に集まって話し合い、その年の生け贄にする娘を選んでいた。

ある日、村中の人が集まって「このままでは食べ物も娘たちもいなくなって、村がつぶれてしまう。なんとかして魔物を退治しよう」と相談がまとまった。「この島は芋が良くできるから、芋酒を作って魔物の頭の数と同じ七つの樽に酒を入れよう。樽の酒を飲ませて、酔っ払ったところを退治することにしよう」と決まった。それから、たくさんの芋で酒を作り、七つの樽を作って浜に並べておいた。浜には大きな高い木があり、その枝は互いに交わり重なりあっていた。その木の上に娘を立たせて、七つの樽に娘の姿が映るようにした。やがて海から魔物があらわれ、樽の中の美しい娘の姿を見て、喜び勇んで頭を突っ込み、中の酒を全部飲み干してしまった。村人は酔っ払って倒れてしまった魔物を、包丁で頭からずたずたに切って退治した。それから、毎年一一月一四日にはマータンコーという行事を東の浜でやるようになった。

この話を聞くにおよんで、記紀神話のなかのヤマタノオロチ神話を髣髴とさせるストーリであることに驚いた。仲間次ハルの語ったマータンコーは、包丁で尾を切ったら刃がかけて剣が出てきたと話している。丸山顕徳は、マータンコーの話は八俣大蛇退治神話にはないモチーフを含んでいて、記紀神話の影響を受けているとは考えられないといい、かえって日本神話の原風景として貴重な話であるという。魔物の正体はのちのち明らかにされるだろうが、このような神話はひとりの英雄が現れて魔物を退治し、娘を助けるのが常套であるが、ここでは島人たちの知恵で苦難を乗り越える展開である。

マータンコーを見る

マータンコーは集落のほぼ中心かと思われる路上で午後三時ごろから開始された。祭りの中心は男性たちで女性は周りを囲んでいる。まず路上に臨時の祭場が設えられ酒、花米、線香が供えられ参加者全員が東方を向いて祈願をした。その後、銅鑼を鳴らす人が先頭になって旗二本が振りかざされ、それに続いて酒が入った甕を担ぐ人が会場を左回りに七回踊りながら賑やかに行進がおこなわれた。

この後、この祭場から二手に分かれて一方はシナファンリー（西の浜）、他方はアギンリー（東の浜）の祭場に行くのである。この時点までは浜の祭場が二か所あるとはまったく予想していなかった。あとで教えていただいたが、浜の名称であるシナファンリー、アギンリーはマータンコーのときにのみ使うという。

アギンリーに向かう一行の後について行くことにした。ここは東の墓地を通過して浜に出る砂堤上にあ

写真23　路上に設けられたマータンコーの祭壇

った。広場をアギンリーマータンコーマー（アギンリーのマータンコーの庭）という。浜に出る小道の一画の草が刈られている。そして半径八～一〇メートルほどが掘り窪められて、円弧を描くように七か所の窪みが作られていた。以前はここに甕が据えられたという。これは伝承で七個の酒甕を埋めた故事に倣っていることは容易に想像がつく。集落の祭場から持ってきた甕を中心に据え、七か所の窪みに酒を少しと線香を供えて、ここでも左回りに酒甕を担いで七回まわり、旗を振りながら踊って終了した。浜までは目と鼻の先であるが降りることはなかった。マータンコーマーには、伝承話にある娘が木に登ったというヤナブの大木が枝を伸ばして繋っているのが印象的であった。

写真24　アギンリー（東の浜）の祭場

かつてのマータンコーは、一〇月一三日から一一月一四日にかけての一か月におよぶ長期間の祭りであった。その間じゅう毎日、老人たちはごちそうを持って浜に出かけ、「食べなさい。こっちにくるなよ。お前みたいなヤナムンはくるなよ」と言ってそれを投げ入れたのである。ヤナムンは悪魔、悪霊のたぐいのことで、浮かばれない死霊のことであるという。それが大蛇や大うなぎに化けて島に現れていたのである。

祭りの初日に当たる一〇月一三日には、島の北端近くのシヌグ堂で神女が祈願して、男たちは外から何人も入らないように厳重に警戒したという。つまりこの祭りは、一か月におよぶ島ぐるみの物忌みの期間を意味していたということが理解できる。つまり、島を閉ざすことによって清浄な状態に戻すことに眼目があった。物忌みの最後の日には、魔物に身を変えた死霊を退治して海に返し、ようやく島は開放されその後の一年間の繁栄が約束されたのである。

五　粟国島・慶留間島

慶留間島のある座間味諸島は、那覇空港から島影をまじかに見ることができる。粟国島《あぐに》、慶留間島《げるま》ともに東シナ海にある島々で、船では一時間半から二時間ほどの距離にある。粟国島は島の半分は隆起した新しい基盤岩が海岸の崖に露出している。全体的には平坦な山のない島であるため、水の確保に昔から難儀した歴史をもつ。トゥージとよぶ石を刳りぬいて作った水槽を庭に必ず置いたのである。

マースウヤー――塩売りと神のくる道――

正月行事　その一

粟国島と渡名喜島に伝わる、正月を前にしたマースウヤーと呼ばれる独特の行事がある。粟国島を例に取れば、大晦日の夕方から夜にかけて地区の青年や子どもたちは、集団になって家庭を一軒一軒訪ね、塩を置いて歩くのである。かつては、その日は明け方までかかってマースウヤーが続いたというが、現在でも深夜まで行われてにぎやかであった。

　二〇〇九年の大晦日の記録を中心にして紹介したい。集落は浜、西、東があり、それぞれの中に組が一一ある。この一一の地区で各々のマースウヤーは午後六時ごろから開始される。今回は西組とよばれる地区のマースウヤーを見学できた。マースウヤーに出るのは、ウフジヤーと呼ばれる塩を盛った盆を持って歩く人。三味線や太鼓を叩く人、踊りを披露する子どもたちなど一〇人ほどである。そのほか見学についてくる子どもや大人たちがいるので総勢三〇人ほどになる。西組の集会所から六時三〇分ごろの出発になったが、このときは儀式めいたことはなかった。西組に所属する家はすべて訪問することになり、回っていく家の順番は決まっているという。

写真25　盆の上に三つ盛にされた塩

　最初の家につくと、まず屋敷の門前でウフジヤーが、「わたしたちは谷茶《ちゃたん》、仲泊《なかどまり》、次良《じらー》、三良《さんらー》ですが、今夜はこの粟国に火の神加那志が塩をあげますよ」という口上がある。家の人は一番座の縁側で一行を待ちかまえていて、「谷茶、仲泊、次良、三良よ私だよ。こっちにきなさい」といって門に招き入れる。座敷の前の戸はすべて開け放たれ、主婦が縁側のところで盆を手にしている。塩売りは縁側で、「御塩売りやびら。火ぬ神加那志に差し上げなさいよ」といって、盆の上に塩を三つ盛した。

家の庭でこの儀式を終えると、青年や子どもたちは門口から庭に入ることを許され、塩売りの唱えごとを歌い、三味線を弾いて踊るのである。唱えごとは正式なものは長いが、「これはここの子や孫たちを若返らせるお塩でございます。これはここのお爺さんおばあさんを若返らせるお塩でございます。これはここの火の神加那志を若返らせるお塩でございます」という。新年を迎えるにあたって、塩はすべてのものを若返らせる象徴であると認識されたことが良く分かる。粟国島で採話された原文は、「若ます、しでます、御塩だやびる」とあり、若ますとは、若い塩。しでますのしでは、巣出で脱皮することをさす。つまり塩によってすべてが若返る。あるいは新しい生命が付与されるというのである。

しかし、マースウヤーとはどのような人なのか、あるいは神様なのか。口上では谷茶など沖縄本島中部の地名がでてくる。この地域から塩を持ってきたというのか。当夜塩を持ち歩く人（ウフジャー）に聞い

写真26　三味線を弾き踊る子どもたち

ても明確な説明はなかった。少なくとも神様とは考えていないようだ。またマースウヤーは塩売りと表現されるこの儀礼は、祭りに参加している人たちは塩配りであるという。

当夜、どうしても家を留守にしなければならない家庭や、すでに空き家になっている屋敷にも、塩売りの一行は立ち寄り塩を置いていった。

赤嶺政信は、ウフジヤーのことを「世持大者、嘉例大者」と呼ばれていることに注目して、これは世持ちの神であり、来訪神を象徴した表現であろうと考えた。このような儀礼は、かつては粟国島と同じ海域にある渡名喜島でもあったが、遠く西表島祖納《そない》には、正月の供え物のひとつに塩がある。この塩はナンザマス、クガニマスといい、膳の上にお椀状に盛り、これを年頭のあいさつに来る人に一箸ずつ与えた。塩は身を清めるという意味から生じたものであるというが、ナンザマスとは銀の塩、クガニマスは黄金の塩のことをいい、これを来訪者に分け与えるのは、黄金に代表されるように、年頭の豊穣をひとしく分配するめでたい行為にほかならない。ここには粟国島での塩売り儀礼に通じた観念をうかがうことができる。

正月行事　その二—神のくる道（慶留間島）—

粟国島と同じ東シナ海域にある慶留間島は、座間味諸島に属している。島々の中で人が住んでいるのは、座間味島、阿嘉《あか》島、慶留間島で、現在は橋によってつながっている。『座間味村史』には、慶留間島のこととして、正月の門前に白い砂が点々とまかれた印象深い写真を掲載している。しかし、本文ではその説明はなく、どのような正月行事なのか分からなかった。

二〇〇八年一月三日に慶留間島に入った。正月とは思えない春の陽光が辺りを包んでいる。東シナ海にある島は、高くはないが山が海岸から聳え立つような景観を見せて、宮古・八重山の低平な島々を見慣れた目には感動的である。集落に入っていくと、道の両側に砂が点々とまかれてその先は屋敷の中まで続いていた。集落はそれほど大きくはなく、大通りから路地がいくつも延びているが、その路地のすべてにも見られた。この砂の正体をたずねると、①この砂のことはどのように言われているか聞いていないが、一二月三一日に青年たちによって浜から取ってきて道の両側に撒いたといい、昔は道の中央にも撒いていたようだ。②元旦の早朝の五時ごろから、子どもたち（昔は男子に限られていたという）が、お年玉をもらいに各家を回って歩いた。その時間帯であれば、まだ外は暗く道を歩くための目印であるという。

　たしかに沖縄の民俗では、正月の一番客は男であることがめでたい印であると尊ばれた。しかし、ここで疑問に思うのは、早朝のまだ暗いうちに家を訪ねるという行為である。粟国島での大晦日の塩売りと、慶留間島のお年玉をいただきに歩くという行為は、一見正反対のことであるが、行事としては大晦日から元旦の早朝にかけて行われる。あるいは、慶留間島では本来、

写真27　道に点々とまかれた砂

子どもたちに正月の神様がくっ付いて、訪問する家に新年の福を配り歩いているのではないだろうかと想像してしまう。

奈良県奈良市の郊外や山間部の民俗には、大晦日のこととして砂まきが行われた。夕方になると山から白砂を取ってきて、表通りや家の門口から庭に撒いたという。これは正月の神の通り道にするためであると説明している。このような奈良での事例を参考にすれば、慶留間島の砂撒きは、屋敷まで年神を招き入れるための目印としたのだろう。村史の写真は、「新月の夜には神秘的に浮かび上がる道標」と説明するだけである。誰のための道標であったのか。

座間味村の正月は、子どもたちにとっては一番の楽しみだったようで、正月の晴れ着は那覇あたりから購入された。注目されるのは、新調された着物を始めて着せる時、座敷の中柱のところに行って「チノー、チーシティー、ヌチャ、ナガナガートゥ」と唱えたという。古い着物は捨てて、生命は永久にという意味であるらし。年が改まって今まで着ていた着物を捨てることは、すなわち古い殻（着物）から脱皮することであり、蛇やカニなどと同様に永遠の生命を獲得したことと同義であると考えられたのである。

第二章　宮古諸島から

宮古諸島は、主島である宮古島とその周囲に北から池間島、伊良部島、下地島と来間《くるま》島があり、太平洋側には大神島がある。六〇キロメートル南には多良間島と水納島がある。行政的には宮古島市と多良間村である。宮古島の最高点は一五〇メートルしかなく、水を溜め込むような高い山がない島である。古くから干ばつに苦しめられてきたが、地下ダムとよばれる大規模な貯水装置の開発で、ようやく水の苦労から解放されたといわれている。市内にある漲水《はりみず》ウタキは、宮古でもっとも神聖な拝所であるといわれ、ウタキの創設にかかわる処女と大蛇の神婚説話が伝わる神秘な島でもある。

一　宮古島狩俣

石壁で囲まれた村

狩俣は宮古島の北端にある集落で中心部から三〇分ほどの距離にある。かつて狩俣、島尻と大神島の祭祀は、外部の者には決して見せないというタブーが守られた伝統ある集落であるがこのような祭祀は途絶えて久しい。狩俣で戦後に無くなってしまったものがもうひとつある。下地和宏は、狩俣は石壁に囲まれた集落で三か所の出入り口には石の門があったが、そのうち北石門はまだ現存しているという。屋敷を石壁で囲むことは、竹富島の花城村跡などでは一五世紀に出現している。ところが、集落全体を囲う村というのは聞いたことがない。鎌倉芳太郎は昭和二年ごろの狩俣の様子を写真に記録したが、そこには道幅が狭く、高さもない石門が収められている。

現在の狩俣は県道二三〇号線から南に小学校や家が建てられているが、県道と学校が完成したのは大正二年（一九一三）であり、それまでは石壁の外には決して建てられなかったという。石壁はコの字形に東西四〇〇メートル、南北一五〇メートルあり総延長は一〇〇〇メートルほどであろう。集落の背後は丘陵と海に続く断崖が控えて天然の防壁となり、四方を囲む集落であったのだ。

近代になってさすがに生活に不便をきたすようになり、明治末年ごろから石壁は徐々に壊されて、家も石壁の外に立つようになった。現在ではわずかに集落の東方に五〇～六〇メートル残るにすぎない。その規模は高さ約一～一・五メートルあり、基底部の幅は約一メートル、上面は約四〇センチで、自然石で五～六段に積み上げている。この地点は東を限るラインに当たり、集落背後の丘陵アースヤマ（東山）に取り付いている。

石門（トゥーリヤ）

西門は早くに撤去され元のままのものは北だけである。東門（アースヌフジャー）は、車両の通行に支障がないように作り変えられた。東門のある位置は、ズーガーという井戸があり、現在はコンクリート製の門に復元された。北門（トゥユーピトゥズ）は、位置と形状など西、東門とは全く違っている。まずその位置であるが、集落のもっとも奥にあるムトゥの屋敷群といわれる、最初に住みはじめたオヤたちの住まいがあり、最も重要な聖地からニスヌヤマの聖地を結ぶ神道の途中にある。このため一般の住民が日常的に行き来するような門ではない。北門は小形の石を積み上げ、天井には一枚石を置くだけであるが、円形の通用口になっている。高さは八〇センチほどしかなく、腰をかがめて通らなくてはならない。円形に作られているのは、太陽が昇る大神島に向いて、この門をくぐればニスヌヤマとよばれる、最も重要な神域の広がる地点であることだ。

写真28　東門（アースヌフジャー）

写真29　北門（トゥユーピトゥズ）

石壁の復元位置

集落を取り囲んだ石壁の復元位置は、下地と佐渡山正吉で明らかに違っている。下地は県道二三〇号線に沿うと考えたのに対して、佐渡山は県道から集落に一本内側に入った道沿いを想定した。下地は県道説について何も説明しないが、おそらく西門が県道脇にあったことで、このようなラインを復元したのであろう。佐渡山は東門付近の地名や家の屋号などを詳しく検討し、

①東門から西に延びるブンミャー線（琉球大学報告ではイデフツンツ道―ウプヤマンツ道にあたる）で、西隅にあたる数戸の屋号をイディフツ（出口の意味）と呼んだ。この場所が集落の出口にあたるところから、この地名が生まれたのであろうという。

②ブンミャー線を挟んだ南側の家の屋号はプカで、外側を意味する。狩俣自治会編集の『自治百年』の地図を確認すると、たしかにイディフツ、プカと書かれた屋敷を確認できる。なによりこの道路の名称をイデフツンツと呼んだ。

③県道沿いの家の門は、現在ではもちろん県道に向かって開いているが、大正中期ごろまでは集落の内側方向に開いていたという。

④狩俣のムスソウズ（虫掃除）という祭祀では、集落の重要な出入り口に豚の骨を縄に結わえて吊り下げるが、この地点が東のンミャーのクインツ、東の門、西の門とウキバイザーの四地点であり、西の門以外は石壁に沿う地点にあたっている。

という以上の理由から、佐渡山は県道から内側に一本入った東西ラインであるブンミャー線にあっただろ

うと復元した。しかし、西の門は県道側にあったことは確かであり、下地の想定したラインも動かしがたい。そこで佐渡山はブンミャー線の石垣は当初築かれていたものであり、何らかの理由で拡張された結果、県道沿いまで移動したのであるとした。

石壁が築かれた時期は両氏ともふれるところはないが、狩俣は宮古島でも古い集落として知られ、一四世紀ごろではないかといわれている。なぜこのような石壁を周囲に巡らせたのか。沖縄はこの時期になると、宮古・八重山の先島も含めた地域の首長たちが台頭し、いち早く沖縄本島を統一したのが中山国であった。一五〇〇年ごろには、中山国は先島地域にも進出し、最後の闘いがオヤケアカハチの乱であった。これを契機に先島は、首里王府の治める地域となったのである。このような戦世《いくさゆー》とよぶ時期に集落が存在していれば、集落を闘いから防御するための備えが必要であろう。これは狩俣だけの問題ではなかったはずで、隣村の島尻にも同じような石壁があったという。

戦国時代の大和盆地の集落は、堀を掘って囲んでしまういわゆる環濠集落がいくつもあった。堀の内外は土手が築かれ竹や木が植えられた。石壁に代わる防御施設である。集落の中には寺院や神社もあり、その中で生活が完結するという世界を作り出した。このように、歴史的な背景を考慮に入れると、大和と沖縄の先島というまったく関連のない地域にあって、同じように集落全体を囲んで城砦としたのである。その後、大和も宮古・八重山も外部から攻め込んだ勢力によって支配される側に立つことになった。

ムトゥ屋群と始祖神話

ムトゥとは元、根源の意味であり、狩俣の最初の祖先（草分け）と考えられている。ムトゥ屋はその住まいで、現在はここに住んでいる人はいないが、重要な祭祀の場となっていた。集落の最も奥まった神山の裾にムトゥ屋が集中して建つ一画がある。もちろん祭り以外のときは近づく人もいないため、まるで廃墟のように静まり返っていた。ムトゥは①ウプグフ（大城）ムトゥ、②ナーマ（仲間）ムトゥ、③シダディムトゥ、④ナーンミムトゥ、⑤カニヤムトゥ、⑥マイニヤムトゥ、⑦ニスニヤムトゥである。⑥⑦以外の建物は、二棟の家が向き合うように建ち、山を背にする建物は神女が集う家、その前は男性だけが集う家というように分かれていた。狩俣に産まれた人は、すべてどこかのムトゥに属するという。いわば氏神と氏子のような関係であろう。集落の人に聞くと赤ちゃんが誕生した、あるいは旅行に行くとか、また島の外の学校に入学する、家を新築するなどあらゆる場面でムトゥ屋に行って祖神に無事を祈るのだという。ムトゥ屋が集まるこの一画は、狩俣の人々の精神的な紐帯を形成する重要な場所だった。

写真30　ムトゥ屋が集中して建つ一画

鎌倉芳太郎はムトゥ屋の詳細な図面を残している。これによると、各ムトゥは石垣によって区画された内に二棟がセットになり、各ムトゥは石垣の一部を開けて通路としていた。前面にある一般の集落は、格子状の区画と道よって各々の屋敷区画としているが、ここだけは整然とした区画にはなっていない。つま

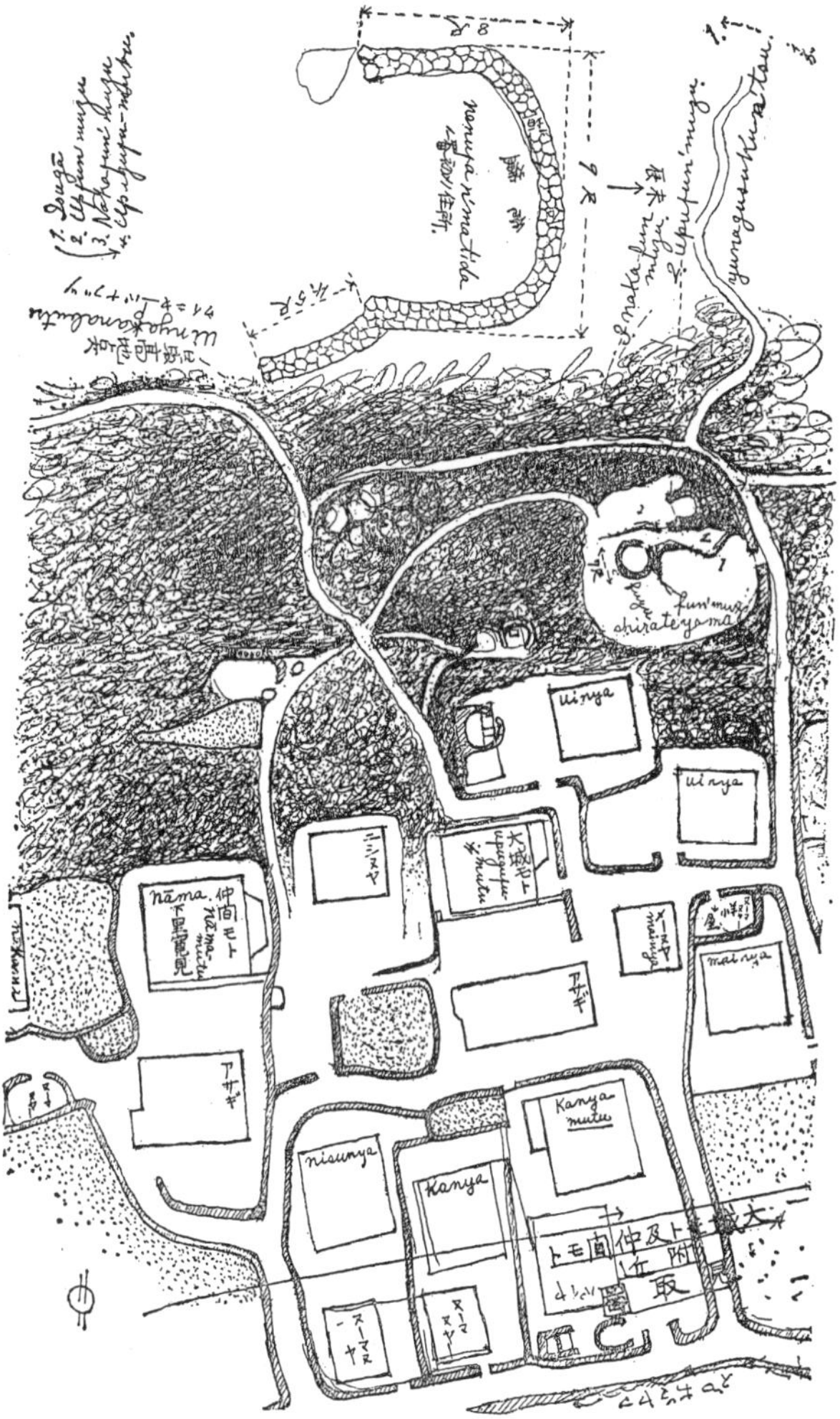

図4　ムトゥ屋群配置図（鎌倉 1982）

り別のムトゥ屋に行くのに、いちいち道にいったん出る必要のない屋敷の構成になって、まるで一時代前の屋敷群を見ているようである。

狩俣の神事の中心になるのはウプグフムトゥ（大城元）であった。ここは神女組織の最高位にあたるアブンマ（大母）をこのムトゥが継承していたからである。この神女にまつわる神話が継承されている。

昔、ウプグフ真主という女神が狩俣の東方の島尻桃原というところに天降りした。最初にパナギガーという泉を見つけて生活を始めようとしたが水量が少なく、さらに水を求めて西のほうへと進んだ。二番目にカッファー（アラヌガー）を見つけたがやはり水量が少ない。それでさらに西に進むとようやく狩俣の北の海岸に面したイッスガーを探し当てた。その水はおいしく、水量もたくさんあったのでフンムイに家を構えて住んでいたが、そこは風が強く吹き付けるので、そこと反対側の方に降って住んだ。そこが現在の大城ムトゥであり、部落発祥の地とされている。

ある夜のこと、ウプグフ真主が懐妊したので、驚いた母親は「どうしたのだ、相手の男は誰か」と責めると、「毎夜夢心地できれいな男が現れ、いつともなしに帰っていく」という。心配した母親は娘の身を案じて、その男が帰るときに針にブー（麻糸）を通して、男のカタカラズ（髪を結ってあるところ）に針を刺せと娘に教えた。

ある日、ブシュ（麻糸を巻いている道具）の糸が減っているのを見て、その糸をたどっていくと、イスガーに続いていた。そこには片目に針が突き刺さり、とぐろを巻いている大蛇を見つけた。やがて二人の子が生まれたので、その子の父親を探しに子どもを連れて、イスガーに行き、片目の蛇に向かって「もしその子があなたの子供であるならば水を浴びせてくれ」といったら、蛇は喜んで尾に水を浸して子ども二人に水をかけ、そのまま消えていった。

イスガーはイスゥガーともよばれて、ウャーン（祖神祭）の神歌の中でも歌われる井戸である。ウプグフ真主と大蛇の間に生まれた子どものうち、女児はのちの女神マヤーマツガメである。イスガーは集落の裏側に当たる海食崖の裾にあるが、伝承話のようにこの井戸水で赤子に水浴びさせることはなく、東門の外にあるズーガーの水が使われた。これにも作法があって、きのえねの日から一週間後までの間に出産を控えていると、ズーガーから水を汲んでおいた。産まれた日から四日目と八日目にしか水浴びをさせなかったという。

この神話で登場する蛇神とその正体を追うモチーフは、『古事記』にある三輪山神話と共通する要素を含んでいる。三輪山神話は、イクタマヨリヒメのもとに男が夜ごと訪れ、やがて姫は妊娠する。怪しんだ父母は、男の素性を知ろうと赤土を床の前に散らし、紡いだ麻糸を針に通して男の衣の裾に刺せと娘に教える。夜明けに糸は戸のかぎ穴をとおり、三輪山の社に至ったという。

このふたつの神話には、どのような邂逅があったのか、あるいは偶然に同じようなモチーフの話として成立したのか知る由もない。ただ、狩俣の蛇神も井戸を棲家としたところから、かつては水の神として大切に祀られていたのである。狩俣の祖神は日本の古代の水神ともっと深いところで繋がっていたのであろう。

瀬戸崎の崖葬墓

狩俣の集落をぬけて池間島方面にしばらく走ると、左に西平安名崎《いりへんなざき》、右は池間島への分岐となる。さらに池間大橋を渡って狩俣方面を振り向くと、ちょうど大きく口をあけたように両側から岬が出て、その間が入り江となる。地元ではこのふたつの岬をシドゥザキ、あるいはヒャウナと表現する。ともに蛇崎の意味であると伊良波盛男は教えてくれた。地図でもまさに蛇が大きく口を開けて、池間島を飲み込もうとする姿を連想させる。このあたりは海峡となって渦の巻くときがあるという。

瀬戸崎のつけ根のあたりで太平洋側の浜に降りた。この付近にはパナヌミャーとよぶ崖葬墓があるはずである。午後四時を過ぎてようやく潮が引き始めた。北東の風が強くイノーの外側は波頭が白く泡立ち、正面には大神島が悠然と弧島の姿を見せている。瀬戸崎に沿って白砂の浜をしばらく行くと、岩礁は地肌を露出させて波打ち際まで迫っている。満潮時では行き止まりとなり歩いてはいけない。五分ほどで岩肌

図５　瀬戸崎の海食洞窟墓の位置

に人の通れるほどの穴が開いているところに出くわした。中をのぞくと巨大なホールがあり、中の暗さに目が慣れて入ってみた。入口の穴はもう一か所右手にあり、光が洞窟全体に薄く差し込んでいた。海食洞窟とよばれるもので、奥行きは一〇メートル、左右の広がりは二〇メートル、天井までは五メートル以上の高さがある。

写真31　人が通れるほどの穴が開いている瀬戸崎岩肌

目が慣れてくると、ホールの正面奥の壁際には人頭大の石を積み上げた一画がある。高さは一メートルほどである。中をのぞいても何もないが、墓であることは容易に想像できた。入口から右の壁に目をやると、三～四か所に龕《がん》状の窪みを掘り込んでいる。深さは一メートル以上あり、いずれも人工的に開けた横穴である。かつてここにも棺を置いたのだろう。巨大なホールの中にいると、潮騒が響くだけの静寂の中である。少し恐怖感の入り混じった複雑な感覚に陥った。

外に出てさらに行くと凹地状になった巨大な崖面があらわれ、おびただしい横穴が掘られているではないか。まるで古墳時代の横穴墓を見ているようである。波打ち際には大きな転石があり、扇の要のように横たわっていた。この崖はおそらく、墓に利用されるもっと以前に、海食洞窟の天井が崩れ落ちてしまったのだろう。壁面全体の規模は左右が二〇～三〇メートル、高さが一〇メートル以上はある。この崖面に上・中・下三段の横穴がいくつも開いている。しかし、下段の横穴でもハシゴなどを架けなければ容易に観察できない位置に穿たれている。狩俣の人に聞いても、瀬戸崎に古い墓のあることは知っていたが、もはやつながりのある子孫はないようで、あまり近づかないという。琉球大学の報告はこの墓にまつわる伝説を聴取していた（琉球大学民俗研究クラブ　一九六六）。

このセド崎は狩俣部落の北方、宮古本島の最北端でそこにはたくさんの骨が今でも散在し、村人たちは平家の落ち武者の骨だろうとか、いや、マーレン（帆船）が嵐に会い、その漂流人の遺骨だとか話をする。現在でも丙午の日には誰もいないのにランプの大きさくらいの火の明かりが二つついているように、マーザピース（火の玉）が出る。この日には鼓や三味線にあわせて歌が聞こえてくるとのことで、その日でなくても村人たちはそこに行くのを好まない。この日に行くと熱病を起こして倒れるといわれている。地名がセド崎のブドウザであるといわれている。ここは明らかにかつて狩俣の人たちが使用した墓であ

写真32　上・中・下三段の横穴がいくつも開いた崖面

ることは間違いないだろう。現在ではもうここに葬られた祖先とつながりのある家系が途絶えたのか、すっかり忘れられて遺跡になってしまった。

満潮時には誰も近づけない場所である。ここに葬られた人たちは、いつもホールに響く潮騒を聞きながら永遠の眠りについている。

二　池間島

池間島は宮古島の北にある小島であったが、一〇年ほど前に橋が架かり狩俣の瀬戸崎と繋がった。最近では島を一周する環状道路が整備され、観光地としても脚光を浴びるようになった。島に一歩足を踏み入れて道路を巡っても集落は見えず、荒地がどこまでも広がるばかりである。集落は環状道路から外れた一画にあり、そこはこれまでと変わらない静かな落ち着いた生活があった。橋が架かったことで、池間島社会も激変するだろうが、浜とイノーで観察できるサンゴ礁はいつまでも変わらないでいて欲しいものだ。

天に昇る道

野口武徳は一九六一年に半年間にわたって池間島で暮らし、島の民俗調査に従事した。フィールドワークを行っていたこのころの池間島は、カツオ漁が盛んで活況を呈していたという。野口の著した『沖縄池間島民俗誌』には、人が死ぬと霊魂は、「天に昇る道」というところから上り、家族とは「神と人との別れ」と呼ばれて離別は早くやってくる。その後は漠然とした祖霊と化し、個性は失われていくということを記録した。たしかに野口の地図には、「天に昇る道」というのが島の北端あたりに記されている。

天に上るというのは神になることと同義であろうか。仲松弥秀は、「宮古の池間島では、沖縄戦以前までは、死んだら神となるとの思想があった。参拝者が野辺送りを済ませて帰路につく際には、一人一人をゲーン（ススキ）でお祓いをするのであるが、その際に「あなたは神となられた。よってこの人たちを悪魔からお守りください」といいながらお払いするという。葬儀が済んだら翌日からは誰も墓参する者はいない。九日目に親類縁者が家で祭りをするのみで、それ以後は何一つ行わない。池間島では、死ぬと同時に完全な神に成るのではなくて、最初は「神人《かむすと》」に成るのだという。それが九〇日目に「ミツツガカンナイビューイ――三か月が神成り日――」といって、真の神にはこの日から成るのだという。

この記述は仲松が一九九〇年に池間島に調査に来て前泊徳正に聴取したものである。調査ノートには、「死人はカーマヌユーに行ったという。先祖神は旧暦一二月二五日に「天に上る道」から天に上って行き、旧暦一月五日に反対側の処（七嶺が集まる場所）に降りてくる由」とも記録している。

天に上る道というのは、実際にある道路のことではなく観念上の産物であった。そこを上るのは死を契機とするだけではなく、旧暦一二月二五日という定まった日に祖先神たちも上るというのである。「天に昇る道」は、天とカーマヌユーという祖先の暮らす世界との通路でもあるのだ。伊良波は「北西部海岸の聖域。人が死ぬとその魂は、この聖域の石を踏み台にして天へ昇ってゆくと考えられた。アラガミ（荒神）がおわすアラドゥクル（荒所）として、畏怖の念を禁じ得ない聖域である」ともいう。また別に、この地帯をティンカイヌーインミ（天に上る嶺）であると記す。つまり島の北部には天に昇る道から、嶺にある石を踏み台にして死人が天に上るのだ。やや具体的になったが、あくまでも死後の魂の行方を説いたものであり、嶺のあたりで実際の葬式で何か儀礼があるのかと尋ねても、何もやらないという。島人にとって、天に上る道ということは知っているけれども、普段は恐ろしくて近づこうとはしないアラドゥクルなのである。

現在の池間島は、宮古本島と橋で結ばれて島にも一周する道ができたけれども、集落を外れるとキビ畑と銀ネムに覆われた荒地が広がるだけである。伊良波がアラドゥクルとされた北部一帯はその感が一段と強い。その天に上る嶺に案内された。嶺といっても高い山が聳えているわけではなく、案内板があるわけでもなくほかと区別がつかない。ここに大きい岩があるというが、樹木がジャングル化していて近づけないのである。

池間島はいつも心地よい風が吹きぬけ、海はどこまでも青く澄みわたっている。島を一周する道路は多くの観光客を迎えるようになった。しかし、ティンカイヌーインツは説明看板もなく荒れ果てたままである。この丘に込められた豊かな世界観は、いまでも通り過ぎる観光客とは無縁である。

アラドゥクル

言葉のもつひびきというものがあると思う。このアラドゥクルという言葉もそのひとつだろう。いかにも荒々しい、豊かな感性を内蔵しているようで興味がわく。伊良波は池間島にあって郷土学研究所を主宰している。『池間民俗語彙の世界』には、アラドゥクルは島のあちらこちらにあって、そこは身の毛がよだつほどに怖いところ、そこにはアラガミがいるという。では具体的にどこかと問うても地図に指し示すことはない。それもそのはず、「アラドゥクルは、拝所やウタキなどの神域もあれば、荒れ果てた墓地も洞窟もあり、雑木の生い茂る小山もあれば部落の近隣でありながらほとんど人気のない岩場もあり、石垣の曲がり角もあれば、アダンの木が一本立っている地もあった」と、島のいたるところが、アラガミのいる恐ろしいところなのである。

池間島の形は馬蹄形であると表現される。周囲は陸地であるのに、その中央にはかつて広大な入り江が広がっていた。島は三分割されて、入り江はイーヌブー、アオグムイあるいはユニムイと呼ばれた。ここには古い墓地があり、水難や病など亡くなった人が海食崖の洞窟に葬られた。野口武徳の『沖縄池間島民俗誌』巻頭写真のひとつに、「タナバタの早朝、墓へ水を運ぶ」という説明があり、多くの人たちが足を水につけて墓に向かった。入り江について、前泊はニッラに通じる道であると説明するが、「内浦の奥の青くなった深みのことで、潜れば底に着くというか底なしの深みではない。それにもかかわらずアオグムイが恐ろしい場所とされるのは、この深みがあの世に繋がっていると考えたからである」とか、「昔は洞窟が墓だった。洞窟はあの世の境。底知れぬ洞窟にもニッラとかニッリャヌスマという言葉を使うというのである。つまり、この入り江は墓地の存在によって、死の世界と繋がる恐ろしい所と観念されたのである。

陸地は東がカンツバイ（神道原）、西はイケマバイ（池間原）の二つに区別する。カンツバイには現在

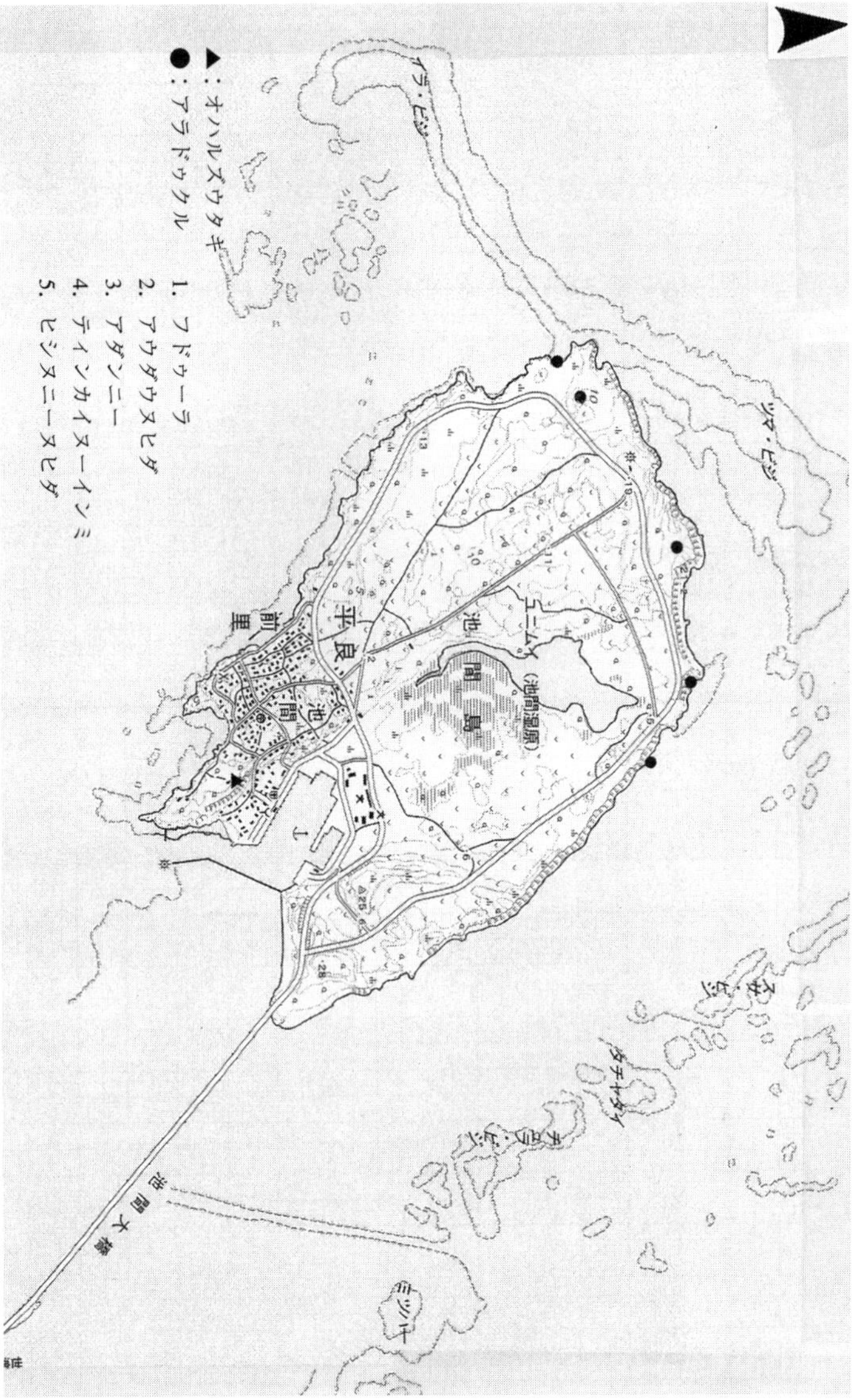

図6　アラドゥクル（荒所）と観念された場所とオハルズウタキ

でも人家はなく、かつて集落があったという伝承も聴かれない。神道原という名のとおり、島の人にとって神聖で侵すべからざる地域であったのだろう。これに対して、イケマバイは人間が生活する地域で、南に集落を形成しているが、イケマバイはさらに観念的には三分割される。そのうちの北の空間にはアラドゥクルが集中する。このため、畑仕事やたきぎ取りなど、必要なとき以外は日常的には行かない地域であった。

アダンニー

現在は島を一周する道路から道がついている。モクマオウやアダンの木が繁る道を進むとポツンと開けた空間に祭場があり、中央にはサンゴ砂の白砂が直径六～七メートルの大きさで盛られている。ただ、沖縄の祭場でよく見かけるイビや香炉はない。ここはユークイという祭祀のときに神女たちが立ち寄った拝所のひとつである。前泊は豊穣と豊漁をもたらす神を祀るとするが、別のところでは興味深い発言をしている。「アダンニーは、ニッラと天界の分岐点で、右の北へ向かえば東を経て天界へ昇るが、逆に左の西に向かえば下座に降って南のニッラに向かう。神々はアダンニーから北を経て天界へ向かうが、

写真33　アダンニーの祭場

一般の死者は西を経てニッラに向かう。それゆえアダンニーは、ニッラへ向かう魂の集う場所でもある。ユークインマたちがアダンニーへ行くと、死んだ人の魂や、今はまだ死なないがやがて死ぬという人の魂がやってきて、カカランマにどうか助けて欲しいと懇願するそうである。このことからも上座と下座の分岐であるアダンニーが、天界とニッラの分岐点になっていることがわかる」という。前泊のアダンニーの説明は明快である。ここは神々や祖先たちが集合するところで、一方は天界に行き、他方はニッラ―おそらく祖先たちが住む地下世界のことだろう―に向かう分岐点でもあった。また、生きている人で不道徳な人は、ここで神が寿命を判定する恐ろしい場所でもあると観念されたのである。

写真34　ヒシヌニーヌヒダ（Y字形の入り江と要にある石）

ヒシヌニーヌヒダ

干瀬の根元の小浜といわれる小さな入り江がある。ちょうどティンカイヌーインミの丘がある近くで、幽霊船のはいる入り江であるともいわれる。Y字形の入り江の要にあたるところに、小さな岩が波を受けて、これが魔物の座る石であると伝承される。しかし、昼間の陽光がまぶしく差し込む入り江は穏やかな風景である。

アウダウヌヒダ

北東海岸の浜の近くに岩があり、周囲の青いところをアウダウという。ここは深い青みをしてあの世へ行く船の碇泊場所であるとされている。

フドゥーラヌシバナ

フドゥーラの岩鼻と呼ばれる北東海岸に、クジラの顔面のような岩が海に向かって突き出したところがある。付け根は海食洞が抜けた特異な景観で、ここも魔物が船を着けるところと伝承されている。

ティンカイヌーインツ

今見るとただの荒れた小山でしかないが、人が死ぬと魂は山にあるという石を踏み台にして天に上る場所であると説明すところから、ここも死に係わる聖地である。しかし、葬式などが発生しても儀礼のようなことは何もないともいう。このようにみると、北の地域一帯は、神や死にいく人の魂、あるいは祖霊の集合する場所であり、あるいは魔物が船を着ける海岸があって日常的には寄り付かない地域、アラドゥクルの集中する一帯なのである。

ところが、伊良波が説明したように、アラドゥクルは遠く離れた場所ばかりでなく、集落の近くにも存

写真35　フドゥーラヌシバナ（クジラのような岩が海に突き出す）

郵便はがき

料金受取人払郵便

麹町支店承認

7424

差出有効期限
平成24年10月
28日まで

102-8790

104

東京都千代田区飯田橋4-4-8
東京中央ビル406
株式会社 同成社
読者カード係 行

ご購読ありがとうございます。このハガキをお送りくださった方には今後小社の出版案内を差し上げます。また、出版案内の送付を希望されない場合は右記□欄にチェックを入れてご返送ください。 □

お名前《ふりがな》　歳　男・女

〒　TEL

ご住所

ご職業

お読みになっている新聞・雑誌名

〔新聞名〕　〔雑誌名〕

お買上げ書店名

〔市町村〕　〔書店名〕

愛読者カード

お買上の
タイトル

本書の出版を何でお知りになりましたか？

イ．書店で　　ロ．新聞・雑誌の広告で（誌名　　　　　）

ハ．人に勧められて　　ニ．書評・紹介記事をみて（誌名　　　　　）

ホ．その他（　　　　　）

この本についてのご感想・ご意見をお書き下さい。

注文書

年　　月　　日

書　名	税込価格	冊　数

・お支払いは代金引き替えの着払いでお願いいたします。また、注文書籍の合計金額（税込価格）が10,000円未満のときは荷造送料として380円をご負担いただき、10,000円を越える場合は無料です。

在したという。そのひとつが鬼にまつわる伝承地である。鬼のこと自体が沖縄で語られることはまれである。池間島では集落の中心である水浜―現在は公民館が建ち広場はミャークヅツがおこなわれる―にその伝承地はあった。鬼のことをウニャという。マジュモノ（魔物）の一種と考えていて、その顔は角が生え、口は頭のところにあって歯は五、六本であるという。水浜にある海食崖の洞窟に、ウニャヌヤー（マッツヌブー、テンマガマヌハナ、フウニャとも）と呼ばれた住まいがあったという（宮古民話の会　一九八四）。

その昔ね、ウンタラヌ主という人がいて、とても器用な人だったそうだ。それに賢い人でもあった。この島には鬼がいたそうで、この鬼を退治しようとウンタラヌ主は身支度をしたそうだ。鬼の家めがけて歩いていると、そこへ鳥が飛んできて、「では私もお供させてください」という。鳥と一緒に歩いていくと、ハチが飛んできて、「私もお供させてください」という。それも仲間にしていくと、その後からムカデが来たから、それも一緒に歩いた。そしてあのパタパタ木といって、マッコウのことだが、それも一緒になった。また大きな牛も来たので、「では鬼の家にでかけよう」と行くと、鬼は寝ていたそうだ。

そこで、ウンタラヌ主は床の下に入って、持っていた剣を床板の隙間から静かに刺しいれて、クッファ、クッファと鬼の体を突付いていた。すると鬼は、「ああ、今日は何という日だ、こうノミに食われるんだろう」といって、囲炉裏にいって一生懸命になって火を燃やした。ここではだめだといって、台所に下りてノミを取ろうと火をつけた。ウンタラヌ主は鳥を台所において、ハチを軒下においた。またムカデを柄に這わせておいた。マッコウのパタパタ木、あれは庭においてね、牛は門の側に立たせた。

台所にいた鬼は火をつけてノミを取ろうとしたら、その鳥がパタパタして灰を飛ばしたので、鬼の目には灰が入ってしまった。鬼は顔を洗おうと外に出ると、ハチが手を刺そうとするから、「あぁ、大変だ」と水のところまで行き、やっとのことで目を洗おうと柄杓の柄をつかむと、こんどは柄に付いていたムカデに刺されたそうだ。「あぁ、今日はもうなんという災難だ」といって、庭に向かって歩いていくと、そこでパタパタ木が足をとって、鬼をひっくり返したそうだ。そこに牛がいって、角で引っかけて投げ飛ばしたので、鬼はもうぐったりしてしまった。そこでウンタラヌ主は剣を突いて殺してしまったそうだ。そして鬼を退治して宝物は持って帰ってきたそうだ。

日本民話にある桃太郎の鬼退治によく似た話のモチーフである。この話では鬼がどのような悪さをして退治されたのか理由はわからないが、その洞窟の前を通る人間を食っていたという伝承もある。前泊は鬼の正体をマジュモノといったが、これは死んでもカミになれなかった祖霊のことである。さまよえる魂は頻繁に、なつかしい集落や我が家などを訪れていたのだろう。それがアラドゥクルのうちに秘められた正体なのかもしれない。

神の審判はあったのか

写真36の現場は、現在は使われていないというから遺跡になってしまった。これがある場所は聖地オハルズウタキの一画で、マイヌヤームトゥと上げ枡ムトゥをつなぐ小道の脇にある。海岸の堤防にいた人に

聞いたところズンミャーだという。何に使っていたかわからないという。ただ、三日前にあったミャークヅツという祭りのときにきれいに掃除されたのだ。あとで調べるとジンミジャー、ミンミジャーあるいはズンミヂャーとも記している。いずれも吟味座の漢字表記をあてている。遺跡と化したズンミジャーは、一年に一回の祭りできれいになっていたが、普段は草や木に覆われて見えない。

写真36　円形に配置されたシャコ貝が並ぶ

ズンミジャーは一〇メートル四方をサンゴ石によって区画し、小道に沿うところに入口がある。入口から五メートルの所に自然石が少し突き出し、露頭した部分は丸く磨耗している。この石を巡るように一七個のシャコ貝が円を描くように置かれている。しかもすべての貝は規則正しく外縁を外に向けている。じつにシンプルな構成で、中央の石には神が降りてくるようである。周りに置かれた貝もほどよい大きさで、これを皿代わりにして神と共食したのだろうか。どこを見渡しても香炉などは置かれていないので、拝所としての機能はないようだ。ズンミジャーの周りにはシャコ貝やタカセ貝、サザエなどの貝殻が多量に散乱し、表面は風化で白くなり相当古いものである。

松井友は前泊徳正の証言として「ミヤークヅツの期間中に集落の行政上、社会上などの重大な問題があれば、四ムトゥの代表がここに集まって審議した」ことを聴取した。シャコ貝は代表が座る位置を示し中央の石は議長席であると説明する。しかし、この石は凹凸でいかにもすわり心地が悪い。

ミヤークヅツはこの台地にあるムトゥ屋を中心にして旧暦八〜九月の三日間おこなわれる。祭りの賑やかさに隠れているが、民俗的には二日目に行われるヤラビマスという儀礼が注目される。これは前年のミヤークヅツから今年までの間に生まれた子どもを、ムトゥの神に報告して名簿に登録される。二日目の早朝に、ムトゥドゥマイガー（元泊の井戸）という、集落の外れにある井戸から水を汲んできて、子どもに水浴びをさせる。この水と神酒をもって家族のものが、所属するムトゥ屋まで届け出るのである。井戸水はスディ水とも呼ばれ、興味深い民話が池間島に伝わっている（宮古民話の会　一九八四）。

写真37　集落の外れにあるムトゥドゥマイガー（元泊の井戸）

天の神様が巣出水、死水を持って島に下りるように。巣出水は人間に浴びせ、死水は蛇に浴びせなさい、といって持たせてやった。ジャブジャブと持ってきたときに、中ほどまでやってきて疲れていた。そこに眠ってしまい、起きだしてみるとその巣出水には、蛇が入って浴びていたそうだ。どうしたもんかと思案して、天の神様のところに戻りかけたが、そのまま持って降りることにした。それで人間には死水を浴びせた。そして天に上って神様に「わたしはこんなことがあって、このようにしてきた」というと、「お前は私の言ったことを守らなかったから、罰しないといかん」といって、それから、太陽の真中の黒点は、その巣出水、死水を持って行った罰で立っているのだ。

この話はいわゆる人間の死の起源を語る。蛇はスディ水を浴びたことで脱皮を繰り返して永遠の生命を得て、人間は死水を浴びて死ぬ運命を授かったのである。別伝では少し残ったスディ水を手足のつめに浴びて、そこだけは生え変わるという話もある。

いずれにせよ、ムトゥドゥマイガーという特別な井戸の水をスディ水と称して、一歳未満の子どもに浴びせ、自分たちの属する共同体の一員とした。

このようにみてくると、かつて新生児を村の一員として正式に認知する儀式が、このズンミジャーだったのではないかと思える。子どもが人間として共同体の神々に認知され、住民台帳に登録された舞台である。その中心の石はバカバウ神の依代だろう。バカバウ神は延命の神であり、若返りの神とされる。バカバウとは蛇のことをいい、まさに民話で語られた内容をミヤークヅツの二日目に儀礼化されたとも理解できる。

それにしても、祭祀の期間中にその年に生まれた新生児の登録をするという、今でいう戸籍のありかたを彷彿とさせる。神を含めて集落全体で子どもを認知し、養育するといういわば人間社会の基本原理を垣間見せるのである。

オハルズウタキとミャークヅツ

水浜の広場から南の叢林を見ると、オハルズウタキの入口に立つ石の鳥居がある。そのほかは、ムトゥ屋といわれる建物がたつだけで人家はない。広い上原台地は、普段人の出入りはほとんどなく静まり返っていた。この聖域に入るのは集落からの一本道である。水浜からほどなくして、道の左手の岩に線香が焚かれた地点がある。ティーカミと称される聖域の入口を守る神だという。もし香が焚かれていなければ見落としてしまう。道は少し上り坂になり、両側には岩があって切通しのようになっている。ティーカミから道は少し屈曲して五〇メートルほどでウタキの入口である。

ウタキの前は岩礁に囲まれた小さな入り江がある。スゥーンブーでユークイの祭りの日には、五穀の幸を満載した神の船が着ける入り江だといわれる。池間島の人々にとっては最も重要な場所のひとつで、細長く奥まり水はあくまでも澄み切っている。この船を表現しているといわれるものがウタキ内にある。フネノハナズとよばれ、長さが七メートルもある巨大なもの

写真38　オハルズウタキの入口に立つ鳥居

で、船の舳先を白砂で形づくっている。この船形の舳先が鳥居前のスゥーンブーを向いているのである。入り江を少し奥に進むとワーニートゥガイとよばれる岩礁がある。スマフサラという年中行事にはここで豚が殺された。スマフサラは豚の骨を縛った縄を集落の入口に張られて、悪霊や病気の元を入れないように閉じたのである。このような年中行事は現在でも沖縄の各地で行われているが、実際に豚を殺すところから始めるのは池間島と多良間島の二か所しか残っていなかった。ところが、前年まではたしかにここで豚を殺したが、祭りを司る神女がいなくなったことで、今年のスマフサラは行われないだろうという。

また別の視点からワーニートゥガイをみると、聖地内で豚が殺されるというのはどうにも理解しがたいように思われる。しかし、沖縄本島名護市屋部では、牛焼きと称してウタキの前で牛が殺され、あるいは竹富島でも西塘ウタキ内で祭りに使う獣が殺された。祭祀と犠牲獣のあり方が密接に関連しあっても矛盾はないのだろう。

ミヤークヅツ見学記

池間島に通いだして五回目、ようやくオハルズウタキを参拝する日がやってきた。普段はオハルズウタキへの入域は厳しく禁止されている。ただ唯一、ミヤークヅツの三日間に限って許される。二〇〇八年一〇月二一日から二三日の間が祭りの期間で、その中日に伊良波とともにウタキに出かけることになった。当日は夏のように蒸し暑く、日差しがあったにもかかわらず、道を行く人は正装し華やいだ雰囲気に包まれていた。この間は島外で暮らしている人たちも多数帰ってくるという。大主神社の扁額のかかる鳥居前に参拝の人たちは靴を脱いで参道を進むことになる。これも新しい発見であった。ウタキの森は人工的な手を加えられることはなく、クバ、アコーの木、黒木、ヤラブ、ガジュマル、アダン、マーニなどが鬱蒼と繁っている。参道を進むに連れて、気温が少し下がっているのかヒンヤリとしている。拝殿前はすでに二〇人ほどが並んでいた。

ウタキ内は変形した広場となり、正面は小さなコンクリート製の拝殿がある。右手にはかつて神女たちが籠もりをした建物―ユーグムイヤー―があり、左手にはミヤーナカがある。今も船形の上には多数の香炉が置かれていた。ただ今年からミヤークヅツに神女の参加がないためなのか、境内を占領して圧倒的な存在感を示している船形は、所々が崩れて草が生えているではないか。おそらくこの台は神女以外触ることができないのであろう。荒れたままであった。

ミヤークヅツは楽しむ月という意味があり、豊年祭を楽しく祝う祭りである。男性が祭りの中心になり、ムトゥという組織がその核となっているところに特徴がある。ムトゥは四組織があり、池間に生まれたならばどこかのムトゥに所属することになる。

写真39　船形の上に置かれた多数の香炉

オハルズウタキから出て、伊良波の所属する前里ムトゥを訪れた。そして「平成二〇年前里ムトゥ名簿」

という刷り物をもらった。名簿には五五歳以上の男性の氏名と住所が記載されている。最高齢は九二歳が二人である。以下二九三名の会員と、欄を別にして新会員（ウィイデウヤ）が一二名で、合計三〇五名が前里ムトゥに所属していることになる。現在前里に在住しているのは一二三名であるから、三分の二は島外の人ということになる。五五歳で新入会員になった人は、三日間の祭りの期間中はその人の社会的地位などに関わりなく、祭りの準備から長老たちの接待まで、全般にわたって裏方を勤めることになる。

写真40　クイチャー踊り

これはまた、池間島で生まれたときから、男女を問わずすべてがムトゥにその出生を届けることになっているため、島の外に居住していても、完璧に人員が把握されているのである。これがいわゆる沖縄のシマ社会とよばれる共同体の基礎になっていることは疑いないだろう。

午後四時をすぎると、ムトゥ屋でくつろいでいた人たちは公民館前の水浜広場へと繰り出した。広場の中心には旗が立ち、四方に万国旗がはためいていた。これから、クイチャー踊りがはじまるという。広場は祭りの華やいだ雰囲気に包まれ、まず最初に女性と五五歳以上の男性による踊りがあり、そののち一般の人たちが踊りに加わった。

オハルズウタキの大鳥居までの参道には、「航海安全・豊漁」や「長寿・家内安全」「豊年・豊漁」「みんななかよく・すこやかに」と記された旗が立ち並んでいた。この祭りの華やかさとは対照的に、池間島の未来の繁栄は、この祭りに集う人たちの切実な願いであることを確認することになった。

忘れられた集落

池間島には多くの民俗学者が訪れて、島の生業の中心は漁業であると観察した。現在では島内はサトウキビ畑一色で、畑もあるがこれよって成り立っているとは思えない。野口が一九六一年から半年間、島に滞在しておこなった民俗調査の中心も漁業であった。

しかし、伊良波の話は違っていた。池間原の西にある白木嶺（ッスッキンミーとよばれる丘陵地）から東側は、ターとよばれて明治のころまでは広大な水田があったという。島の暮らしは半農半漁だったのではないかという。ここには当時の集落跡が残っていて、稲作を伝えたといわれる人の墓もあるという。つまり集落と水田と墓という三点セットの遺跡があると教えてくれた。沖縄の島々を歩いていると、ほとんどがキビ畑になり稲作はみられなくなった。わずかに八重山諸島の石垣島、西表島、小浜島などで見たぐらいである。これらの島々には山と川の流れがあって、そこに水田が成立していたのである。しかし、よく聞いてみると、水田を営む諸条件に欠けた宮古島本島の島尻や下地町、久高島、津堅島、多良間島、竹富島などでもかつて稲を作っていたとの伝承を聞くことができたのである。

池間島に明治期以前の水田があったとなると考古学だけの問題に留まらない。琉球王府の収奪体系の中で、主たる物産のない池間島は、税制の面で最低のランクに位置づけされていた。他方、一八世紀にはこの島で人口爆発が起こり、宮古本島や伊良部島などに分村するという事態にもなった。生産性の低い島でなぜ人口が急増したのか、その原因はまだわかっていない。

伊良波に案内してもらった。当日は夕刻になっていたが、サトウキビ畑の舗装道路から、林の中に入る道の路肩に石積みが残っていた。少し奥に進むとやがて道に平行して石積みの石塁があらわれた。高さは三〇〜五〇センチほどあるだろう。その先には石を井戸枠としたりっぱな井戸があった。ここまで一〇〇メートル以上ありそうで、思ったより規模の大きな遺跡になりそうである。後日改めて全体を歩くことにした。

水田跡

このあたりを地図で確認すると、標高二メートル以下の低地が南北方向に約一キロメートル、幅五〇メートルで細長く広がり、指田、長田、川原田など田のつく地名が散見される。二月に訪ねたときは、ちょうどサトウキビの収穫時期で畑に出ている人を見かけた。声をかけてみると、おじいさんやおばあさんの健在なころは、ここは水田だったという。土地が低いため水の溜まる池があちらこちらにあったことも聞けた。池間島でカツオ漁が盛んになっていく明治後期あたりまでは、この地区で稲作が行われていたことは確かなようである。

沖縄諸島にあって、宮古島の水事情はもっとも悪い島であるといわれた。現在でこそ地下ダムとよばれる施設が地中に設置され畑に散水されているが、このような島では稲作は無理だといわれた。しかし、地元の人に聞くと下地町がもっとも盛んであったし、池間島の稲は島尻からもたらされたと聞くこともできた。

集落跡

舗装道路から西に小道を入ると、すぐに石塁が確認でき屋敷区画が残っていた。このあたりは土地が少し高くなり、微高地上に屋敷区画が作られていることが分かる。現状は林がジャングルと化して、なかなか遺跡本体は把握できなかったが、道は各所で分岐しながら奥まで続いている。井戸は二か所ありトゥビガーとアラガーである。トゥビーガーは水道が普及するころまで使われていたという。

この遺跡で特質されるのは石積みの区画の存在である。不規則に道から左右に延びて、奥にはなかなか進入できなかったが、北方向に一〇〇メートルほど行くとT字形に交わる別の石積みを確認でき、ここが区画の北限であることは想像できた。また、西端で石塁が途切れる地点は、地面が少し凹地状を呈して広がっていた。この向こうはッスッキンミ（白木嶺）の丘陵である。これで東西方向も一〇〇メートル以上あるだろう。

写真41　集落内の道

この結果、遺跡の広がりは少なくとも一〇〇メートル四方の微高地上に複数の屋敷区画の存在を確認することができた。この遺跡の特徴は、道によって屋敷区画が作られているものの、道そのものが屈曲して、そこから延びた屋敷区画も規則的ではない。一八世紀以前の集落であろう。

写真42　井戸跡（トゥビーガー）

井戸跡

トゥビーガーは石をふんだんに使って整備された井戸である。伊良波によれば、子どものころまでは利用していたという。ここは塩分を含まない良質な水が湧くようである。井戸枠は板石を丸く加工して組み合わせている。周辺も板石を敷きつめている。現在では使われなくなり砂が上方まで堆積していた。アラガーは集落内の道を奥に進んだところにあった。トゥビーガーとちがい自然石を乱積みした井戸枠で水の溜まりもない。

野口の作成した井戸の分布図がある。これにもトゥビーガーとアラガーは記載され、このほかに集落の北には一一か所の井戸が分布するが、これらはター地区の低地に沿ったところに点々と連続している。井戸の分布によっても水田があったという低地部は水位の高かったことがわかる。おそらく、入り江が島の奥まで広がっていたとと関係しているのである。

遺跡内は腐植物が上を覆っていて、土器片などはほとんど採集できなかったが、宮古式土器という在地の土で焼かれた土器片を一〇点ほど採集できた。赤い色をしてその中にサンゴや赤色の粒子を含み、表面には波状文という文様が描かれている。中国産の陶磁器類はまったく採集することはできなかった。宮古式土器の年代はまだ確立されたものではないが、一六〜一八世紀のものだろう。この年代観は集落の形態や石積み区画の形などとも整合性があると思われる。

以上のように、ターとよばれる地区で一八世紀以前の集落跡が確認された。これでター遺跡と呼ぶことができそうである。そして、何よりも驚くのは、ター遺跡はまったく破壊されずに当時のまま残されていたことである。このため、ジャングルを切り開けば、集落の全貌を明らかにしてくれるだろう。南西諸島のひとつの小島の歴史かもしれないが、新しい知見によって今よりも違った歴史像を加えることができるかもしれない。

なお、ター遺跡は新しい発見となったので当該の文化財担当機関に連絡し、また採集した土器片は同所に寄贈した。

三　多良間島

多良間島は沖縄という亜熱帯地域を代表するような島である。なにしろ年間の平均気温は二三・八度で、最低気温が二〇度を切ることはない。宮古島と石垣島の中間にあり、船便で二時間半、飛行機は二〇分である。水納島と多良間島の二島で多良間村を作っているが、水納島は無人島になった。多良間島を上空から見ると、ちょうどジャガイモを横にしたような形で、島全体は牧場とサトウキビ畑が広がる。かつては稲作をするために、石垣島まで丸木舟を漕いで通ったといわれる。

多良間島の言葉の発音は特長的である。発音を表記すると声を出して読めない。たとえば、昼―ピィル、左―ピィダリ、神―カムㇺ、桃―ムムㇺなど特殊な発音になり、聞き手側からすると、ほとんど聞き取れていない。これも島の歴史的な背景を持つひとつの個性なのだろう。

ポーグで守られた島

多良間島を上空から見ると島の平坦なことに驚く。前泊港のある北から北西にかけて丘陵が広がるのみで山というものはない。海からの風が吹きぬけている。はじめて訪ねて集落の中を探索していると、どちらに向かっているのか自分の位置を確認できなくなり、錯覚に陥ってしまうのである。そんな風景のアクセントになって、また集落の南限になっているのがポーグ、漢字表記は「抱護林」と書かれる高木の森林帯である。まさに低平の島にあっては暴風から村を守る砦でもあった。

ポーグはかつて琉球王府の農林政策の一環として、支配する地域の農村部に導入された。沖縄本島北部の備瀬では、樹齢一〇〇年を越えるフクギが集落と屋敷周囲はおろか、すべての道沿いに植わっている。多良間島では、南側と東西の一部に九五〇メートルほど残り、林の幅は八・四メートルにもなる。一〇メートル以上のフクギを中心にして横二列に仕立て、フクギの林間にテリハボク、モクタチバナ、イヌマキ、アカテツ、タブノキ、リュウキュウコクタンなどの常緑の木が隙間を埋めている。さらに、この南側にも下抱護林―スゥンポーグ―のあったことが記されている。つまり南側は二重に守られていたのである。このような巨大な林が集落をめぐっていると、ポーグを象徴的な境界として、集落の内・外の観念が生じても不思議ではない（多良間村役場　一九八一）。

　ある晩、漁に行った男が潮の引くまでしばらく岩陰に待つことにした。ところが、そばを見ると人の骨があるので、それを拾って自分のすねと較べてみると、自分のすねより短かったので、「何だつまらん。おれのすねより短いじゃないか。たいした者じゃなかった。投げてやれ」と遠くへ投げ捨てたそうだ。やがて大漁して上がってくると、高さが二丈ぐらいのおばけが立ちふさがって、「よくもきさまは俺をけなしたな。さぁこい果し合いだ。網を下ろさないつもりか」と言った。人間は脳みそを叩かれたみたいに、クツワムシのようにぶるぶる震え上がり、「いまは待ってくれ」と言いながら、網と魚を大きなオスの牛の背中

写真43　ポーグ（抱護林）

に放り投げその上に飛び乗って、「さぁ、かわいい牛よ、ぼくのお守りになって家まで急いでくれ」と言った。牛は帰り道をまっすぐ行くつもりで、また引っ返して横道にそれそうになった。すぐ前のほうには背の高い化け物が立っていて、「さぁ今度こそだ。やってこい」と言った。牛は驚いて道を間違えて迷い、お化けは何回もさえぎって掛かってきたので、人間は「今は待て、あちらで果し合いをするから」と言いながら村の近くに行き、フシュマタギトゥンバラ近くまできた。それでもしつこく付いてきて邪魔をした。人間はお化けが非常に怖がる鶏の鳴き声を待ちながら、ようやく抱護林まで来ると、やっと安心し、フダヤーまで来たところで、牛の尻をなでながら「さあ、この奴をやっつけるのは今だ」とはやしたて、お化けと戦わせて自分は家に帰り、翌日、そこにきて見ると牛はとうとうお化けにやられて死んでいたそうだ。

この話には三つのキーワードが入っている。ひとつはフシュマタギトゥンバラである。トゥンバラとは大きい岩のことで、フシュマタギの意味はわからないという。大岩は仲筋の下南原里にあったというが、耕地整理でなくなった。これで男は南の海に漁に出かけたことが分かる。そこでマズムノーあるいはマズムヌというお化けを馬鹿にしたことから、漁の帰りにマズムノーに追っかけられることになった。次にフダヤーという言葉が出てくる。フダヤーはポーグの内側にある広場のことである。スツウプナカとよばれる豊年祭の祭場のひとつで、カズロー道を集落内にはいったところにある。これで、フシュマタギトゥンバラがカズロー道沿いにあったことも想定される。

南の海からマズムノーにしつこく追っかけられた男は、ポーグを過ぎてフダヤーまで来ると、原文では

「ようやくポーグがみきたりー、肝許《きむゆる》しい、フダヤーがみ来ってぃーや」と表現する。肝許しとは心底から出た言葉であり、ここまで来ると心から安心したことが読み取れる。つまり、ポーグがマズムノーにとっても入ることのできない境界線となっていたのである。

琉球大学の調査報告では、「ポーグを境として部落外をムラフカと称して不浄の地とする考えが強く、葬儀でさえもここ（ムラフツ）を境として、一歩たりともガンを出さず、また内側をヤスク、ムラウチと称して、塵、魚類の廃物、その他一切捨てず、どんな遠くからでもわざわざ境界付近までもってきて捨てた」という。ここではポーグを境として、集落内をヤスクあるいはムラウチ、ムラフツ、外側をムラフカと称して区分したのである。そして家庭で出たごみなどもわざわざ外に捨てたのである。「一歩たりともガンを出さず」は少し説明が必要である。ガンは漢字表記では龕とも書き、柩を載せて墓地まで運ぶ台で屋形がついた霊柩車のようなものである。近代になってから使われ始めたようで、ガンは忌み嫌われ恐れられもした。このため普段は集落の外と観念される場所に、ガン屋と呼ばれる専用の建物に納められていた。柩は集落内では以前どおり戸板などに乗せて運んで、集落の境界ではじめてガンに載せ替えて墓地まで行ったという。今では使われなくなり多良間村ふるさと民俗学習館に展示されている。

比嘉政夫は多良間島の祭祀的空間をシマウチとシマフカ、さらにその外にあるイナウまでを概念化したが、ポーグの外は畑が広がるだけでそこは他界につながり、様々な精霊や神々が棲む世界であるととらえた。夜の島を歩くと街灯に照らし出されることはない。月明かりがなければまさに暗闇に包まれてしまう。百鬼夜行の世界に変貌することを体感した。ポーグは暴風から村を守るだけでなく、外の世界からやってくるマズムノーも防いでいた。

ウプメーカー――積み石墓――

多良間神社にちかい道路の脇に、石を露出させた特異な墓に出くわす。集落の中にある石造記念物であり、多良間島の石舞台を見るようで箱庭のような景観を見せている。島を統一したという土原豊見親が葬られていると伝承され、左側はその正室の墓とされる。多良間島にとっては英雄の墓であり、その子孫によって一七〇〇年ごろに墓碑が建立された。土原豊見親は、一五〇〇年のオヤケアカハチの乱の征討軍に加わって、この時の功績により初代の多良間島主となった実在した歴史上の人物である。

ウプメーカーを考古学的にみると、墓の入口からアーチ門にいたる墓道と、墓を区画する石垣とその中の二基の石積みの墓から成っている。墓は北西に主軸をおいて南方向に墓道がつく。石垣の囲みは、一五・八×一〇メートルの規模があり、その中は豊見親（東側）とその妻（西側）のふたつに区画されている。東には墓に入るアーチ門が開口するが、西は石垣が囲むだけで入口がない。このため、東側の墓が先行して作られ、西側がそれ以後に作られたものと思われる。

墓道は長さ一五メートル、幅は二メートルあり、石壁の高さは一メートルほどである。門近くで左側に屈曲して墓域の中央には取り付かない。墓道の左側の石からは張り出した石積みが突出する。つまり入口から門までは直進できないような作りになっている。これは墓に取り付く魔物の入るのを阻止するためのものであろう。門はアーチ型に加工された石を被せた特異な形をしている。入口の高さは一・一七メートル、幅は五五センチしかなく、大人がかがみ込んだ姿勢でなければ入ることができない小さな門である。アーチ型の天井石には宝珠を思わせる丸石を乗せている。

石積みで作られた墓は二基とも石が露出したままで、作られた当初には石を覆う盛土があったのかどうか判らない。内部は石棺を安置したものと推定されるものの調査が行き届いていないため詳細は判明していない。地面上に石積みの基壇を積み上げ、その上に家形の屋根を組み合わせている。基壇の規模は左右二・六メートル、奥行き三・四メートル、高さ九〇センチである。屋根形は左右七枚ずつの板石を被せるが、緩やかな屋根の形状になるよう加工されてきれいな傾斜をもつように作られ

写真44　土原豊見墓の墓道

写真45　石が露出した土原豊見墓

ている。

妻の墓は地面から直接石積みの壁を立ち上げた箱形である。天井部には自然石を置いている。壁を構成する石材の加工も豊見親墓に較べて粗雑である。豊見親墓は宮古地域では見られない特異な家形の積み石墓で、年代や内部構造の解明が待たれる。

ピディリとウスビラ、ヒーラ

ピディリとは発火具であり、ウスビラは粟などの穀類の穂摘み具のこと、ヒーラは除草具である。これらは家庭において日常的に使用された道具で、今は多良間村ふるさと民俗学習館に展示されている。ヒーラは形をほとんど変えることなく、現在でも使用されている農具であるが、ピディリとウスビラは驚くことに戦前まで使用されたという。

ピィデリ

展示品は火きり杵で臼にあたるものはない。杵と錘の石には所有者の名前が書かれている。全体に黒ずんで手に馴染んでいたことが窺われる。このような発火具は、弥生時代から使用されていたが、神社などの聖なる火を起こすのに、マッチなどは使わずこのような発火具が使われる。これひとつあれば、現代でも離島や海、畑などでは十分その役割を発揮してくれる道具である。

木の発火具は沖縄諸島でもよく使われたようで、津堅島の大城蒲太が語った、火の起源にまつわる伝承話はおもしろい。ミルクという働き者と怠け者のサーカの話。長い話なので火の起源の部分だけを紹介する（遠藤編　一九九〇）。

そのころは、どんな生き物でも言葉を話したそうだ。サーカは生き物たちを集めて、目隠しをして火を隠してしまった。それでミルクはとても心配してさ。火のあるおかげで、ものを煮て食べられるからね。それで、ミルクは生き物全部を集めて、「お前たちは火を隠すのを見なかったか」と聞いた。でもみんな目を覆われていたのでわかりませんと応えた。そこへセミとバッタがきて、「はい、私たちが見ました」と言ってな。あれたちにはわき目があって、前にある目を隠されても見えるからね。それでミルクが、「何に隠してあるんだ」と聞くと、「木と黒石。木はアンチャラクという木でそこに隠してあります」と教えたそうだ。でも、石から出しても火花が散るだけで火はつかなかった。それで、木をこすり合わせて火をつけた。火をつけた道具はヒヌクという。それから火を作ってものを煮て食べられたそうだ。

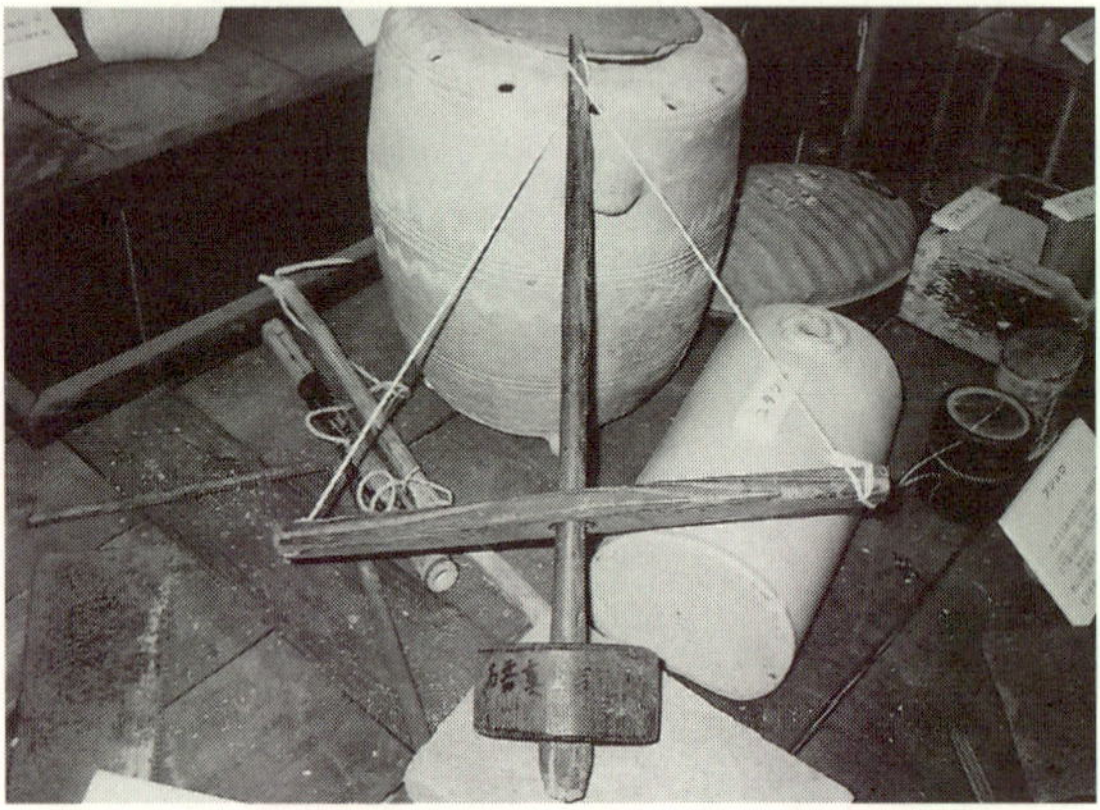
写真46　ピディリ（火きり杵）

ミルクは弥勒菩薩、サーカは釈迦のことといわれるが、沖縄では仏教とはまた違った人物像として伝承話の世界に登場する。アンチャラクは檜である。この話ではサーカによって火は石と木の中に隠されたが、木をこすり合わせることで火は再び出てきて食べものの煮炊きに使われたという。

ウスビラ

ウスは牛のことである。肩甲骨の部分で作られた脱穀具で、主にキビの穂をそぎ落とすのに用いられた。三〇センチ以上の大きさがあり、上端部の中央にあるU字形のくぼみに穂を入れて籾をしごき取るのである。展示品をよく見ると、くぼみの周囲には擦過《さっか》した痕跡が筋となって残っていた。同形のものを四点所蔵するといい、多良間では普及していた道具のひとつだったのである。宮古島市立博物館には、長さ一四センチほどの木の柄に鉄製の刃をつけた、アーカイイザラという粟穂を刈り取る鎌が展示されている。手のひらに入る小型の鎌である。同じ地域の中で一方では骨製の道具を使い、他方では鉄製品が普及していたことになる。多良間島はようやく鉄器時代に移行したということか。

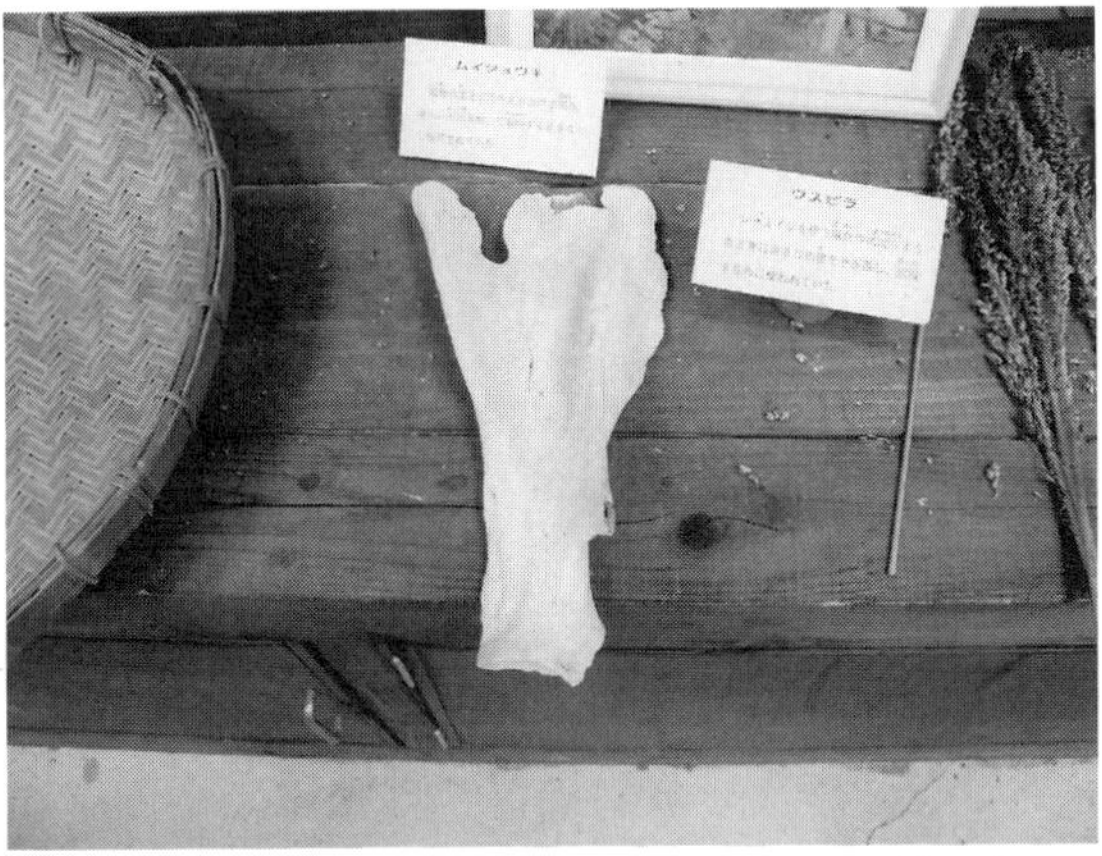

写真47　ウスビラ（ウシの肩甲骨を使った脱穀具）

ヒーラ

　地域によってはヘラ、フィーラ、フィラ、あるいはピラとよんで、全県的に現在でも使用されている農具である。二〇センチほどの鉄の板にV字形の柄をつけて、移植ごての感覚でちょっとした穴を掘ったり、草取りなど手軽に使われている。近畿地方では見ることのない道具である。上江州均は、ヒーラの分布について、北はトカラ列島の口之島から沖縄与那国島まで使用されるが、九州にはない南西諸島特有の農具であるといえる。ところが、ヘラがどころからきたものか、あるいは在来の農具かは不明であるという。沖縄の石ころだらけの硬い土を耕し、よく延びる草に対処するには適した形である。農具の形はその土地の地質と気候に深く関係している。

月と不死―ロシアの民俗学者N・ネフスキー―

テレビのCMに「月の明かりもいいが、都会のネオンの明かりも輝いていいものだ」というのがあったが、都会の明かりにどのような物語があるのだろう。

戦前、ロシアから日本に来たニコライ・ネフスキーは、大正一二年（一九二三）に流暢な日本語で多良間島と宮古島で月にまつわる物語を採話した。そして、柳田国男が主宰した雑誌『民族』に「月と不死」と題する論文で発表した。

多良間島で聴取された徳山清定の話

太古、妻＝月の光は、夫＝日の光よりはるかに強く明るいものであった。ところが夫が羨望のあまり、夜歩むのにはこのような目をくらます光は不必要だという口実で、少し光を自分に譲るよう、たびたび月に願ってみた。しかし妻は夫の願いを聞き入れなかった。そこで夫は妻が外出する機会をつかんで、急に後から忍び寄り、地上に突き落とした。月は盛装を凝らしていたが、ちょうど泥の中に落ちたので、全身汚れてしまった。この時、水の入ったふたつの桶を天秤棒につけて、ひとりの農夫が通りかかった。泥の中でしきりにもがいている月の姿を見て、農夫はそうそう手を貸して泥から出してやり、桶の水できれいに洗った。それから、月は再び蒼穹へ上がって、世界を照らそうとしたが、この時から、明るい輝ける月の光を失ってしまった。月は謝礼として農夫を招き、この招かれた農夫はいままで留まっていて、満月の夜、この農夫が二つの桶を天秤棒につけて運ぶ姿がはっきり見てとれる。

宮古島で再び採話されたアカリヤザガマの話

これは昔々この大宮古、美しい宮古に始めて人間が住むようになっときのことだそうです。お月様、お天道様が真上に輝いていて、美しい心の持ち主であったら、幾世変わらず人間の生まれつきの美しさを守り、長命の薬を与えようと思いになって、節祭の新夜にこの大地へ下の島へアカリヤザガマをお使いとしてお遣わしになったそうです。アカリヤザガマが何を持って降りてきたかというと、二つの桶を重そうに担いできたそうです。そして、そのひとつには変若水《おちみず》、今ひとつには死水を入れてきました。お月様お天道様の言いつけは「人間に変若水を浴びせて、世が幾度変わってもいつも、生き代わることと長命をもたせよ。蛇には死水を浴びせよ」ということであったそうです。けれども天から長い旅をして降りてきたアカリヤザガマが非常に疲れ、草臥れて脚脛を休ませようと思って、担いできた桶を道に下ろし、路端で小便をしていたところ、その隙にどこからともなく一匹の大蛇が現れて、まあなんということでしょう、見れば人間に浴びせる変若水をジャブジャブ浴びてしまっていたのであります。アカリヤザガマの驚きはたとえようもありませんでした。

「おやおやこれはまあ、どうしよう。まさか蛇の浴び残りの水を人間に浴びせるわけには行かないし、どうしたらいいんだろう。こうなったらしかたがないから、死水でも人間に浴びせることにしようか」と思って泣き泣き死水を人間に浴びせたそうです。アカリヤザガマが心配しながら、天に上り委細のことを申し上げると、お天道様は大変お怒りになって「長命や生まれ変わりの美しさを守ろうと思っていたが、お前のために破られ、みんな私の心づくしが無駄になってしまった。お前の人間に対する罪はいくら払っても払い切れないほどのものであるから、人間のある限り宮古の青々としている限り、その桶を担いで永久に立っておれ」といって、体刑をお加えになりました。それがためにアカリヤザガマが今もなお、お月様の中に桶を担いで立ちはだかって罰せられているとさ。

この話はネフスキーが平良の慶世村恒任から聞いたのであるが、慶世村は祖母から聞いた話であると記している。この話によってネフスキーは、人間の死の起源にかかわる神話が世界的に分布していて、多良間や宮古で自ら採話した神話がどれほど重要であるか判った。ネフスキーの採話した不死の水の話は、日本の民俗学や神話学の分野にとって学史に残る金字塔になった。

ネフスキーが多良間島に渡って五五年後には、遠藤庄治らが再び民話の調査をおこなった。この時は四〇〇話ほど採話し、『多良間村の民話』として刊行した。このなかにネフスキーが聞いた月と不死の水の話も三話が掲載されたが、その内容は簡略化したものであった。

多良間島は海上に浮かぶクレープのようにどこまでも平たく、集落はポーグによっていつまでも護られている。夜空を輝かすネオンの光もなく、ネフスキーがこの島を訪れたときのように静寂の中、月の光に全身を包まれる。しかし、大正時代に島民の語った民話を聴く場は喪失したようである。

ウプリ―虫送り―

ウプリはピィヌムヌショウズともいわれる年中行事のひとつで、かつては旧暦二月に三回あったが、現在では下旬に一回だけである。ねずみやバッタなど、農作物を食い荒らす害虫を浜から船に乗せて流す行事である。沖縄ではかつて稲作が重要な作物として栽培されていたときは年間三～五回おこなう地域もあった。ところが農薬の普及によって虫送りの行事は急速に失われた。

多良間島のウプリは、以前のように行われその内容は豊かであった。その特徴は、①害虫を捕獲する場所が決まっている、②浜の近くの洞窟で虫送りの祈願をする、③虫を流すのではなく海の中に入って、決まった地点に沈めるというのである。

二〇〇七年四月一二日（新暦）のウプリの様子を記しておきたい。多良間島は塩川と仲筋の二字があり、ウプリもこれまでは各々が行ってきた。

虫を取る地点

両字ともポーグから南に一～二キロのそれぞれ特定された場所がある。仲筋はカミディ（亀出）といい、ウプシバル道を南に走ると道が二股に分かれる。この中央には岩が取り残され、雑草やガジュマルが生い茂っている。年中草刈りもしないでそのままであるという。塩川の虫取り地点は、タニガー道からタカアナ（高穴）のユウヌフツと呼ばれる畑の畦の一画である。ここも仲筋と大差なく、岩が開墾から取り残されたように、草やガシュマルが思うままに繁茂している。今回は虫取りの現場には立ち会えなかったが、虫取り人の証言ではどのような虫でも良いとのことであった。

虫を乗せる船

　虫送りの主会場のひとつであるイビの拝所で船は作られた。船は二艘でひとつは前泊港、あとひとつは仲筋の浜から送る。材料はイビの周辺のヤローギ（テリハボク）がY字になった枝が使われた。枝の先端部をしばり元には石が結わえられた。中央に虫を包んだビッヴリガッサ（クワズイモ）の葉を乗せて固定され完成である。イビの拝所ではニシャイガッサ（二才頭）を司祭として「この虫とともにすべての害虫が死に絶えますように。畑の作物が豊作でありますように」との祈願がおこなわれた。拝所では三〇人ほどの参加であるが、

写真48　塩川の虫取り地点

写真49　虫を乗せる船

この祭りは神女の関与はなくすべては男性たちによる行事である。

虫を沈める

イビでの祈願の後に仲筋の祭場での虫送があった。祭場はウプドゥマリトゥブリから降りた浜である。道から降りたところに段丘面があって洞窟が口を開けている。ピンダビィーキ（山羊の穴）とよばれ、普段は山羊に草を食ます場所であるという。ここには神がいるというが具体的な説明は聞かれない。洞窟の前で供物と虫を乗せた船が置かれ、この前でも字の代表の祈願が行われた。

写真50　虫送りの洞窟前の祭場

ピンダビィーキでの祈願を終えるといよいよ虫を沈めることになる。この日は良く晴れ渡って海も穏やかであった。イノーの中には離れ岩と呼ばれる転石がいくつもある。その中の特定の岩―カミナカー―をめざして二人の若者が船を担いで歩き出した。浜から三〇〇～四〇〇メートルはあるだろうか。イノーの中はしばらくは膝までの深さであったが、目的の岩が近づくにつれて深くなり、沈めたところでは肩まで浸かっていた。時間にして一〇分ほどである。雨の日や満潮時と重なった時はさすがに歩くことができなくて船を出すという。

大役を無事終えて戻ってきた二人を迎えて護岸上で直会が始まった。沖縄の四月とはいえまだ水は冷たいようであった。

直会はニシャイガッサと字長、長老、実行委員会のメンバーである。私の前にも供物の重箱料理（厚揚げ、三枚肉、結び昆布、かまぼこ、てんぷら）が一品ずつモンパの葉の上に取り分けられた。こうして、ひとしきりの和やかな歓談がうりずんの風が吹く浜辺でつづいた。年中行事のこととはいえ、ひたすら島の豊穣を祈る人たちの姿がここに存在していた。

虫送りは一般的には浜から船を流すということが行われるが、多良間島のウプリはわざわざイノーの離れ岩まで行って沈めるという厳重な虫送りである。この点について尋ねると、二度と虫が戻ってこないようにとの意味であると教えてくれた。しかし洞窟の前で祈願して、さらに特定の岩に沈めることについては明確な説明はなかった。

写真51　虫を沈めに行く若者

岡本恵昭は来間島の虫送りについて報告し、「南の浜のムスヌンバーで、三名の特定のトイの人が泳いでもぐり、海の底にしずめておく（納める）という行事がある。ムスヌンバマより三〇メートルほど離れたところに竜宮のジーと呼ばれる海底の洞穴があるという、そこにシャコガイに害虫を殺して入れ、そのまま海にもぐって置いてくるという。ムスヌンとはムスを呑み込むという意味で、海底に呑み込ませて送り出すことである」という。

来間島の虫送りでも、浜の先の特定の岩まで泳いで沈めるのであるが、その岩の下には竜宮につながる穴があるという。つまり虫は竜宮に送ると観念されているのである。

多良間島にはスツウプナカという豊年を感謝する盛大な祭りがある。この由来譚を村史が掲載している（多良間村村史編集委員会　一九九三）。

ウイグスクカンドゥヌは島の農業の指導者であった。働き者であり、広い面積の粟畑を持っていた。ところで、ある年粟の刈り入れに出てみると、昨日まで穂垂れて実っていた粟が、一夜のうちに何物かに盗まれてしまった。その年ばかりでなく、このようなことが二、三年も続いたので、カンドゥヌはもう我慢できないと畑に寝泊りして、犯人の現れるのを待ちかまえていた。すると刈りいれ時期の夜半、犯人らしきものが畑に入り込んできた。近寄ってみると人間ではない。四足の黒い動物が数頭、粟穂を食い荒らそうとしているところであった。カンドゥヌは怒って、用意してあった棒を振り回しながら、その動物の中に飛び込んでいった。しかし、動物たちはいち早く彼に気づいて逃げだした。カンドゥヌが追っかけると、北の海に出てナガグーというサンゴ礁の上を沖のほうへ走り、白波の砕けているところで足を止めた。そして一頭がカンドゥヌに向かい、次のように言ったのである。「俺たちは竜宮の神の使いだ。お前は作物を作ることは上手だが、その作物を見守って育ててくれている神々への感謝を知らない。順調な収穫を望むなら、毎年収穫後の初のものを供えて、竜宮の神や諸神

に感謝するがよい」と言い終わると動物たちは海に飛び込み消えてしまった。（下略）

この話で注目したいのは、竜宮の使いだといった怪物が北の海のナガグーで姿を消したことである。ナガグーは白い波の砕けるところと表現されているところから、そこはイノー内である。この名前を探すと前泊の浜から、サンゴ礁にかけてのイノー内の地名である。ちょうど虫を沈めた離れ岩のカミナカとそれほど離れた距離ではない。つまり、虫送りで祈願される洞窟やイノー内の離れ岩などは、竜宮とつながっていると観念されたことが考えられる。この前で祈願し沈めるのは、竜宮の神に対し虫の受け取りを願うことではないかと推測される。

塩川のウプリは中止されてから久しい。ウカバといわれる地点が祈願される祭場で、現地に行くと深い洞窟が口をあけていた。古くからカムヤマ（神山のこと）として畏れられて薪取りや草刈りをすることも遠慮された場所である。現在ではなおさら近づくことはないという。いずれにしても、ウプリの祭場は両字とも洞窟であり、竜宮と繋がっていると考えられたのである。

ウプリ当日、ピンダビィーキでしばらく直会を行ったあとふたたびイビに戻った。このあとさらに広場での直会は続いたが、ウプリは祭祀を通じて経験豊かな長老たち（そこでは、「先輩」と「新人」という言葉が飛び交う）と、実行委員会の青年たちの紐帯を育んでいく場ともなっていた。

アキィパライィ（秋払い）

二〇〇七年の八月八日（新暦）に再び多良間島に行った。立秋の日におこなわれるアキィパライィを見るためである。その日は思いもかけず早朝から始まった。この行事が興味深いのは、豚が特定の場所で殺されるところから始まるのである。以前は沖縄のどこでも同じであったが、今では屠殺から行われるということはなくなった。

話をすこし戻すと前日島に入り、翌日の行事の段取りを垣花昇一から聞いていた。垣花によると、塩川と仲筋に分かれてそれぞれ村の入口に縄を張るという。当然それまでの準備も各々の場所で行われることになり、塩川はシュガーガー、仲筋はアマガーという井戸の近くである。四月のウプリは仲筋を見学させてもらったので、今回は塩川にした。

当日の朝七時ごろ、民宿を出て近くの自動販売機で買い物をした。自転車で帰りがけに突然「ブヒィー、ブヒィー」というあたりの空気をつんざく鳴声が聞こえてきた。一瞬どうしたのか判断に苦しんだが、「シマッタ」と声をあげてシュガーガーのほうに走った。豚が殺されたのである。井戸に行くと二、三人が路上にいて、ここで豚を殺して解体場に運んだという。行事の責任者である区長に見学の許可をもらい解体場に急いだ。そこには仲筋と塩川の両字から豚が二頭持ち込まれていた。解体に携わっている人たちは、四月のウプリで見知った人たちもいて色々と聞くことができた。

アキィバライィは、午前中は豚の解体と料理、縄ないなどの準備に費やされる。午後になってから縄張りに出発するということがわかり、解体作業が終わっていったん民宿に帰った。長い一日になりそうである。

解体された豚

豚二頭は島で唯一の屠殺場で、それぞれ実行委員会の人たちによって手際よく解体された。今回は一歳の雄が村内の養豚家から購入されたが、行事では雌雄は問題ではないという。体重は六〇キログラム以上である。また、アキパライでは特定の部位を使用するということはなく、三枚肉を茹でて肉片を切り分けたものを使用するだけで、血を縄に染み込ませることはないという。血や内臓などはすべて夕方の供応で食されるのである。一〇名ほどによって二時間ですべての解体が終了した。軽トラックの荷台は肉と内臓に分けて入れた袋で一杯になった。一連の解体作業はまったく手際よい分業であった。竹富島では山羊の解体を手伝ったが、沖縄の人たちの溢れるような生活力を垣間見たひとときでもある。

直ちに屠殺場から豚が殺された地点であるシュガガー（仲筋はアマガー）に持ち帰られ、調理が開始された。以前はここですべての準備があったわけである。

豚肉の調理

井戸の前を通る路上にテントひと張りと肉を茹でる大鍋二個が設営され、肉鍋のそばには臨時の調理台が作られた。九時ごろからひとつの鍋には肉を入れ、あとの鍋には内臓と骨付肉を入れて別に茹で、血は最初に塩で固められてこれも茹でられた。一時間ほどかけて出来上がり、このあとは行事用の肉片づくりと小分け作業である。あたり一面にはゆで肉のいい匂いが充満していた。茹で上がったあと小分けされた肉は再び鍋に投入され、しょう油などで軽く味付けされ仕上がった。茹で豚も血を固めたものもおいしく試食した。ほどよい脂ののりで重くない爽やかさである。

縄綯い

縄の材料はカヤである。字長により一〇日ほど前に刈り取られて陰干しされたもので、綯うにはちょうどよい柔らかさとしなやかさである。この作業には長老たち六人が作業に当たった。一二メートルほどの長さのものを一二本用意するという。綯うときは穂先までいかないで、少し残しながらつないで仕上げる。穂先はちょうど注連縄の御幣のように垂らした形になる。穂先の鋭いところで魔物の目を刺すのだという。

以上の準備作業は塩川でのこと。一一時三〇分ごろに仲筋の準備を見るため移動したが、すでに作業は終了して昼食の最中であった。一緒に食べろという。実行委員の人が豚汁とおむすび、お茶を運んでくれた。さきほど解体されたばかりの豚汁はやはりおいしかった。しばしの休憩の中で行事のことや島の暮らしについて話を聞いた。どのような些細なことでもすべてが新鮮なことばかりだ。

写真52　豚肉の料理のため用意されたテントと大鍋

写真53　長老たちによる縄綯い

縄張りに同行する

午後二時三〇分ごろ縄張りのために出発し

たが、儀礼的なことは何もなかった。多良間島の集落は、南北道を境にして東は仲筋、西は塩川に分かれている。ふたつの字によってアキイバライの縄張りは分担される。両字ともきめられた時間に出発するというが、南北道の最初に縄張りする地点は先着したほうが張ることになる。また縄を張るのは区長に限られるとのこと。参加者はそのほか四名である。

縄を張る順序は決まっているようで、まず南の多良間中学校への道で、ポーグが途切れる所に行ったが、すでに仲筋によって張られ、塩川側は大木公民館の地点から始まった。縄の中央に三枚肉のかけらを結わえて、両端に小石をつけ道に対して横断するように、木の高い位置の枝に縄を絡ませた。根元には線香と酒、三枚肉が供えられ、区長は「村の中にヤーナムン（魔物や病魔）などが入らないようにお願いします。一年間無病で無事暮らせますように、また今年も豊年でありますように」と唱えた。このあと、供えられた酒と三枚肉はその場で皆に回された。もちろん私のところにも。以前にこの調査に来ていた女子大生は出発地に帰ってきたころはすっかり出来上がっていたという。

塩川の場合、南から東にかけては、ポーグが植えられていた跡の道（集落の西限の道）に沿って、村の入口に当たるところに張られていった。北側にはポーグ跡はなく、集落の北限と思われる地点に張られ、午後四時ごろに最後の地点である旧港への道に到達した。ここもすでに仲筋の人たちによって縄は張られていた。この地点は両字合同の休憩をかねた小宴があった。しばらくして、港のほうから一台の自動車がやってきたが、我々を確認すると引き返していった。区長は、あの自動車は今日のアキイバライのことをよく知っているために引き返したのだという。つまり、外からここを通過して村内にはいること遠慮したのだろう。今日は外から村に入ることは、魔物が入ることに通じると意識されたのである。

縄の張られた地点

両字とも全体で二二か所である。仲筋の場合も基本的にはポーグに沿う出入り口に張られたが、北は丘陵地になっていて、山への入り口に当たるところに張られた。最後の地点は旧泊港への道あたり、ちょうど塩川と仲筋を分ける境界道にもなっている重要な道である。しかも、ちょっとした峠になり中央に塩が盛られていた。特別な地点としての観念があるように思われたが、このことを聞いても峠という意識はないものの昔からの重要な道であるという。

この行事では、一般的には縄に豚の血を付けることが不可欠となっているが、多良間島ではそのようなことはしなかった。いつの時期にか抜け落ちてしまったのだろう。これに関連して長老の一人は、豚の血は殺した土地に流したことを強調した。たしかに両字とも殺す地点は決まっていて、塩川の場合はシュガーガーの入口の木であり、仲筋ではフダイシのそばにある小さな石に結わえて屠殺され、その際には血を少し流したというのである。

すべての縄張りを終了して、塩川のシュガーガーに戻ったのは五時ごろであった。夕方になり村の人たちは三々五々集まり始めた。これまでは男の人たちだけで進められ、女の人たちの行事への関与はなかった。これも五月のウプリと同じ状況である。しかし、夕方からの村人全員による懇親会は、女の人たちも準備から忙しくしていた。もちろんこれからは、早朝に解体した豚肉がメインとなり、これによって村人全員の健康を祈るのである。豚を犠牲獣として共食するもうひとつの行事の民俗的側面である。「ブヒィー」という声を聞いてからすでに一二時間がたっていた。

四　伊良部島

宮古島平良港から船便で二〇～三〇分の距離にある島である。ここは伊良部島と地続きで下地島の二島がある。下地島は人家はなく民間航空機の訓練場になっている。伊良部島は琉球王府の時代には、宮古島や池間島から移住した人たちが開いた島として知られている。佐良浜近くにあるウパルズウタキは、池間島から移住した人たちが、出身地のウタキの神を招来して祀っている。港に降り立つといきなり三〇メートルもある断崖絶壁が迎えてくれる。島の北側が最も高い地形になって南に傾斜し、下地島は山がなく平らである。伊良部島との間には、複雑に入り組んだ入り江がまるで川面のような風景を見せている。

アクマガマ

琉球大学の民俗学実習に伊良部島を取り上げた二〇〇二年の報告がある。ここにアクマガマという、字面だけを読むとショッキングな言葉が産育習俗の項目にある。高橋美和子は、「アクマガマとは月足らずで生まれてすぐ死んだり、流産したりした新生児を言うのである。このような新生児はだめな人間、モノという意味でアクマガマあるいはアクマと呼ばれたという。悪い死の一例は、「人間として生まれるべきものが、悪い目に会って死に、あなたはもうアクマだから世の中には出てこないで、今度生まれ変わって出てくる時には、りっぱな人間になって出てきなさい」といって捨てられた」と報告する。国仲集落ではターと呼ばれる所にも捨てられた。そこはとても汚い山ともアクマの巣、アクマの家とも言われて誰も近寄るものはいなかったことを聴取している。

写真54　佐良浜のウパルズウタキ裏側の洞窟

伊良部村役場『伊良部村史』は、佐良浜のこととして、「十日《とぅか》ンテ（十日満）までに死んだ新生児は、ぼろやムシロに包んで人が寝静まった夜に、大主神社（オパルズウタキのこと）裏側のアクマステとよばれるウホガー（大きな洞窟）に投げ込んだという」と記す。国仲集落のター周辺は、地形が変わってしまい確認できなかったが、佐良浜のウパルズウタキ裏側の洞窟と呼ばれるところに行った。当日は北風が強くて潮が断崖に吹きつけていた。ウタキは崖のふちにあり、その背後の民家の細い路地を崖まで出ると海に降りる階段がついていた。しかし、洞窟にたどりつく道はない。道といっても岩を階段状に少しの幅で切り出しただけの足元のおぼつかない作りである。

アクマガマのことは池間島でも報告されている。野口武徳はもっと衝撃的である。「大正末年ごろまでのこととして、誕生後二週間ぐらいまでに死んだ子はアクマとよんだ。親類の男の人が斧や包丁などの鋭利な刃物で、ずたずたに切って、「二度とこんな形で生まれてくるな」といいながらi-nu-ku（北の湾）の洞穴に捨てたという」と報告した。

「二度とこんな形で生まれてくるな」とは、伊良部島でなぜ流産や生まれてすぐ死んだ子をこのように粗末に扱うか答えている。この伝承はアクマを手厚く葬ると、その霊は再びもとの産婦に身ごもらせるといわれ、葬式に出会った人にはアクマガマが乗り移り、将来この人はアクマガマを産むとも言われて恐れられたのである。

このような幼児に対する特殊な葬式（葬式とは到底呼べないだろうが）は、伊良部島や池間島だけに限られているのだろうか。池間島の対岸に位置する宮古島狩俣でも、幼くして死んだ子どもは、アクマと呼ばれて海岸に埋められたし、沖縄本島の名護市汀間《てぃーま》では七歳になる前に亡くなれば、亡骸はかごに入れて木に架けておいたという。津堅島でも死産や一か月育たなかった赤子は子どもだけのチニン墓に葬るが、子どもを葬ることを捨てるという言葉で表現した。このような事例は沖縄各地にあり、新生児の亡骸は正式な葬儀はされずに捨てるという状態にあった。

新生児の死に対する奇異とも思える処置は、もっと深いところで人間の生死観が露になっているのではないか。生まれてもすぐの子どもは、人間として認められなかったのではないかという疑問がわいてくる。たとえば池間島の前泊徳正は、アクマを悪魔と解釈するのは間違いであるという。「アクマはいわゆる悪魔と違って悪い意味ではない。生まれて同時に死んだので残念に思ってアクマという。子どもが生まれて二歳ぐらいまでに亡くなると、アクマとかアクマガマという。ガマというのはかわいいという意味。命そのものが短すぎたという観点から、残念だ、いたわしいという意味の言葉だ。ずたずたに引き裂いたというということも聞かない」といい、また別のところでは「葬式をしないということは、祖先神の国に送らないということであり、死後祖先と一緒にならないことを意味している。これはアクマを人間として見てはいないということである」とも発言している。

池間島では新生児は人間以前の状態にあり、その期間に死ねば東の浜に埋められた。そこからもう一度生まれ変わってくることが期待されたからだ。「アクマは死んだらヨワノクニ、アオジャヌスマに行って生まれ変わるといって浜に埋めた。アクマの場合とトゥカンティ（十日満）以後に亡くなった子どもの場合は意味が違う。その場合はお墓に持っていくのだから、祖先神のところに行って、祖先神の中から生まれ変わるということになる。この場合は家族だけで葬式をする」と、アクマと一〇日以降で死んだ子にも区別のあったことを示唆する。人間として認知されるかどうかは、トゥカンティを無事に経過できるかどうかにかかっていた。そのトゥカンティとは、十日満―出産から概ね十日目のことである。一〇日を無事すぎた日の早朝には、日の出の太陽を拝み始めてこの日に名前が付けられた。

アクマガマ、あるいはアクマという言葉を手かがりにして、新たな課題に突き当たった気がする。そのひとつは、新生児に対し人間として認知しない期間のあったことを示唆する。人間としてこの世に生まれてくるということは、どこから生まれてきたのかという問いが常にその背景にあった。不幸にして早くに死亡したならそこに返すという行為があり、これはあくまでも葬式とは言わないということであろう。そこには、人間としての生と死にかかわる根源的な解釈が含蓄されている。

通り池と牧村の滅亡

下地島の西にある通り池は、旅行ガイドブックに必ずといってよいほど紹介されるポイントである。海岸に面している荒々しい自然景観は、沖縄の穏やかな風景と違った側面を見せてくれる。しかし、ここにはヨナイタマ（ジュゴン）が引き起こした津波で村が滅亡したという悲しい話も伝わっていた（遠藤編一九八九）。

昔ね、下地島の通り池というところに、北の家と南の家と二軒の家があったって。そこの二軒の家の主人が海をやっている人って。それで、ある晩ね、そこの家の人が海に魚釣りに行ってヨナイタマという大きい魚を捕ってきたって。この人たちは、これを普通の魚と思っていたからね、片方を炊いて食べる。また大きいから、一度には食べられんからね、もう片方を塩漬けにしておいてあった。

こっちのウイスガーの里から女の人は、向こうの下地島の通り池にある家に嫁に行ったらしいね。その晩に子どもが夜眠っていて、夢を見て泣いてね、「母ちゃん、母ちゃん。起きろ、起きろ。ウィスガーのお祖母の家に行く」というから、「どうして子どもがこんな夜に泣くのか。今からは遅くて行けないから。もう夜も遅いから眠りなさい」とあやしてやるけど、泣くのはもう止まらない。子どもがこんなに遅くから泣いているのは不思議だ、行ってみようとウィスガーの家に行った。そうしたら子どもは泣き止んだ。

そうしているとき、海から誰となしに見ない人が下地島の二軒の家のところに来たって。それは竜宮から神様がきたってよ。「ヨナイタマ、ヨナイタマ、早く帰っておいで。早くおいでヨナイタマ。こんなに遅くまで何であんたは来ないのか」と言った。そうしたら、片身になって塩漬けにされているヨナイタマが、「わたしは片方を炊いて食べられてしまった。もう片方しかない。これも塩に漬けられているから、わたしは帰ることができない」と言ったって。それで神様は「それではわたしが大きい波を行かすから、それと一緒においで」と言って、大きい波を行かしたから、ヨナイタマは海に帰って行ったそうだ。

写真55　荒々しい自然景観の通り池

次の朝にウィスガーのお祖母の家に行っていた子どもは起きて通り池の家に帰った。でも北の家も南の家も津波で落ちてしまって大きな池になっていた。

津波で家をさらわれた跡が通り池となったという所は、石灰岩のむき出しになった台地が広がる。ここに家が建っていたとはとうてい考えられない。ジュゴンと津波にまつわる話は沖縄の各地にあり、ジュゴンは神の使いと考えられていた。それを食べたのだから、ただでは済まなかったのである。明和八年（一七七一）の宮古島近海で発生した地震は、大津波を引き起こし、下地島全体をなめ尽くしたといわれている。津波という自然現象も人間の理不尽な行いが元になって、神の怒りを惹起したと理解したのだろう。ここには太陽神に滅ぼされた村の話もある（同前書）。

昔、比屋地からちょっと東の下で海岸のほうになっているところに、牧村という村を作ったそうです。そこで子守が唄を歌っていたそうです。

泣くなよ、子ども。
あんたの母ちゃんは、海に行って、
アオヤッツァを取ってきて、
神酒に入れて、ティダを殺そうとしている。

と歌っていたそうだ。昔は粟《あー》を作って六月にはそれを上納していたそうです。その時の話だから、六月祭りには粟を取って粟の酒を作っておく。これを太陽の神様に供えていたそうですよ。その粟の神酒を神様に供えるときに毒を入れて、神様を殺してしまえというんです。それを神様が聞いて、「子ども、お前は何といっているのか。歌がとてもきれいだから、もう一回歌ってみなさい」といった。それでまた、子どもは

泣くなよ、子ども。
あんたの母ちゃんは、海に下りて、
アオヤッツアを取ってきて

ティダを殺すといって、出かけていったから、
泣くなよ。

と歌っていた。

そうしたら、その神様は「お前は良い子だから、自分のものをみんな持って、遠くのほうに逃げなさい。今夜のうちにこの村を退治してしまうから」といった。

この子どもは村に帰ってみんなにいったそうだ。それを聞いた村人は子どもと一緒に逃げた人もいたけど、本気にしなかった人は、その夜のうちに津波が来て全滅したって。（後略）（アオヤッツァ＝毒のある青ヒトデ、ティダ＝太陽）

この話ではなぜ太陽が殺されるのかその理由は語られない。ティダといえば沖縄の信仰の中では最高の神であり、類話のない不思議な話である。伊良部島には村が全滅した話が多い。それほど、小さな島で暮らすことの厳しさ、あるいは自然の脅威にさらされる日々の営みを伝えたかったのだろう。そんな島にも宮古島から橋が架かろうとしている。

第三章　八重山諸島から

八重山諸島は日本の西端の与那国島《よなぐに》と、南端の波照間島《はてるま》を含む広い地域を指している。与那国島を除いて東西八〇キロメートル、南北七〇キロメートルの海域内には、主島である石垣島と西表島があり、この二島の海域に竹富島、小浜島、鳩間島《はとま》、黒島、新城《あらぐすく》上・下島などの小島が点在する。そして、西表島の南には波照間島がある。このような地理的な位置関係から、石垣島を発着港とする船便が発達していて、与那国島と波照間島以外は、おおむね三〇分以内の距離である。

小島群の点在する海域は、水深が二〇メートルほどの比較的浅い海底が広がり、石西礁湖《せきせいしょうこ》といわれて広大なサンゴ礁が発達している。また、竹富島など太平洋側の島を除いては、山地を形成する島がいくつかあり、現在でも水田を見ることができる。八重山諸島は海も陸地も変化にとむ魅力的な地域である。

一　竹富島

竹富島は石垣島にもっとも近い島である。集落は沖縄のひと昔前の伝統的な建物である、赤瓦を漆喰で固めた屋根の木造建築が多く残されている。碁盤目状の道路は、舗装されずにサンゴ礁の砂がまかれてまぶしいくらいである。近年は急速に観光地として脚光を浴びているが、伝統的建物群を保存し、維持していくには多大の努力が払われている。こうした島そのものを資源として過疎化を救い、発展するためのモデルケースとしても注目を引いている。

島の創生

竹富港からまっすぐ集落に入ると道から階段を上ったところにウタキがある。アガリパイザシーである。ここが島の創生の現場となった中心で、付近を掃除していた人に聞くとここではもう祀りはないという。竹富島の創生の神話は次の通りである（上勢頭 一九七六）。

昔、ティンガナシウウミヨウカミより人間の住む島を造ってこいと仰せつけられたシンミカナシと、山を築けと仰せつけられたオモト様の二神が天から降りてこられた。シンミ様は広い海の中にあった小さい岩に降りられた。その岩はアガリパイザーシの岩といわれ、島の中央部の清明御嶽の東方にある。その岩を中心として付近の石や砂利や土を盛り上げて造られたのが竹富島である。オモト様は大本山を築きその山の上に住み、シンミ様は竹富島を造って島の元に住んだ。

その後、オモト様からの連絡で、せっかく島を造るのにそんな小さな島を造っては困る。私と協力してもっと大きな島を造ることにしようとのことで、大石垣島すなわち石垣島が造られた。それから次々と島が造られ、あわせて八つの島が造られたので、これを八重山島と呼ぶようになったといわれている。

この神話は竹富島の創生はおろか、八重山諸島の創世を示唆する。そして、最初に造られたのがシンミカナシの神であるという。アガリパイザシーは道路から一段上がった丘の上には、伝承にいうように石が累々と積みあがっている。島はほとんどがサンゴ礁からできているが、この付近だけがサンゴ礁のさらに下の基盤となっている岩の露出している場所である。地質的にはたしかに島の最も古い場所なのである。しかしこの話は、国土としての大地ができたということであって、まだ人間が住んでいるわけではない。この島には人間の創世に関わる神話も伝わる。

写真56　石が積み上がるアガリパイザシーオン

昔々、竹富島に女神が住んでいた。この女神は竹富島の人口を栄えさせたいと思っていた。そのころ、八重山島で一番徳の高い神が、石垣島の高いオモト山の頂上にいた。オモトテラスというその神を各島々の神は遠い所から見上げて、深く拝んでいたが、竹富の女神は自分の陰部をテラスの神に向けて平気にしていた。

「これは不思議なことである。女の一番大切な陰部を神に見せるとは、何か思うところがあるのか」と竹富の女神に問うた。女神は「竹富島の繁盛をお願いするため、人間の生まれる女陰をオモト大神にごらんいれ、大神のあたたかいお手で、私の陰部をなでてくだされば、人間が大繁盛する島になると思います。そこで失礼ながら、オモト山に女陰を向けている次第です」と答えた。オモト大神は女神の希望通り、女陰を神の手でなでおろした。それから竹富島には千人もの人間が生まれるようになったという。

オモトテラスという神の名は、どことなく日本神話のアマテラスを連想させる。しかし、ここでは石垣島の於茂登岳という、沖縄で最も高い山をさしている。八重山諸島の人々にとっては、たとえば波照間島で雨乞いが行われた場合でも、最終的には石垣島の於茂登岳まで出かけたというように最も象徴的な山なのである。また、宮古島の各地には、太陽―ティダの手が女陰に触れて妊娠するという話が多く聴取されている。オモトテラスのテラスは、あるいは太陽のことを言ったのではないのかという推測ができる。

ニーラン石と海上の神の道

ニーラン石は竹富島の西海岸に立ち、すぐ向こうには小浜島と西表島がまじかに見えている。土地が狭く水に乏しい竹富島の人々は、かつては対岸の西表島まで刳り舟で水田を作るために通っていたという。浜の水際に立つ石はこのような舟を見守っていたのだろう。高さは約一二〇センチあり、この前でツカサらによって、旧暦八月八日に世迎え（ユーンカイ）の神事がおこなわれた（上勢頭　一九七六）。

昔、大和の根の国からニーラン神が舟に乗って竹富島の西海岸に到着した。その舟は種々の種子物が積み込まれていた。ニーラン神が竹富島に上陸すると、竹富島の神のひとりが、ニーラン神に会って、この島に持ってこられた種子物は、一応竹富島において、ハヤマワリハイクバリの神に命じて、八重山の九か村に分配するように、ひとつご面倒を頼むとニーラン神に話した。

写真57　浜の水際に立つニーラン石

竹富島の神は欲張ってなるべく多く竹富島に種子を分けたいと思い、ニーラン神の持ってきた種子袋からニーラン神の目を盗んで、一種の種子を草むらに隠した。ニーラン神は種子袋をハヤマワリハイクバリの神に渡し、八重山の島々の神に種子を配布した。そして、その種子が生えて豊作になったらお初穂を上げてくれと頼んだ。草むらに隠してあった種子を撒いてみると胡麻というものが生えてきた。胡麻は悪事の心を起こしてできた作物であるからと、胡麻のお初を神へ上げることを遠慮したので、竹富島では胡麻のお初上げだけは行わない習慣になっている。草むらに隠してあった種子物の神名を「根ウスイ」とよぶ。

異伝では住民が火種をもらったのもニーラン神であるという。この神がやってきたという西海岸には、渡口フチといわれたサンゴ礁の切れ目があり、外界と竹富島とを結ぶ通路となる。「神ヌ舟ヌ道」とも呼ばれいわば海にある神の道なのだ。南国を象徴するようなサンゴ礁は、島々の周りを囲んでリーフを形成し内側は湖面のようにほとんど波が立たない。ところが、このサンゴ礁で船を近づけることができないという交通には不便きわまることにもなる。

ところが島に降った雨が流れ出るところは、サンゴ礁の発達がなくてちょうどいい幅の出入り口が形成されるという。この地点をフチやクチ、ミゾと呼ぶ水路なのである。この海にできた水路を通って、ニライカナイという海の彼方の国から、豊穣が神によって届けられるのである。南島ではユガフー（世果報）、あるいはミルクユー（弥勒世）と呼び習わされる。

旧暦八月八日はユーンカイ（世迎え）の日である。海に開けた神ヌ舟ヌ道の前に立つニーラン石の前では、神司《かんつかさ》たちは懸命に歌いながら両手を高く上げ、前方から後方に船をこぐような仕草を繰り返し、神を島に迎えたのである。

ニーラン願い口（※は繰り返し）

白い浜　美しい浜に　降りられる　※大親　主親
元の根神が　降りられる
ニーラ底　カネーラ底に　降りられる
根の島から　お渡りなさった
ニライカナイに　降りられる

物種子　蒔く種子を　持ってこられた
大きな世　広い世を　広げられた
早廻り走くばり（神）が　降りられる

写真58　ユーンカイで種を配付したクスクバー

大和の場所　海に　降りなさる
ニーウスイ（神）が　降りられる
国の根　神の山に　降りられる
持ち運ぶ　大主が　降りられる
幸本の　国の頭が　降りられる
クスクバーに　上がり　降りられる
高い所に　降りられる
神を　持ってこられた　世を　持ってこられた
岡々　嶽々　岬々に　降りられる

ユーンカイの伝承話とニーラン石の前で歌われる願い口はよく一致している。五穀の種子を持ってきた神は、ツカサや島人に迎えられてトンチャーを歌いながら、クスクバーまで道行きをする。クスクバーは仲筋集落の外れにあってユーンカイ専用の祭祀場である。そこは幸本ウタキに隣接していて、高さにすれば五～六メートルの岩である。狭い石段を上がると頂上は平たい広場になっている。ツカサはここまで早廻早立の神を迎えるのだという。クスクバーでは伝承で語られているように、神の届けた種子を八重山の島々に配るための手配をする。

ニライカナイから種子が神によって届けられたという伝承は、久高島のところで「五穀の起源」において述べたところである。久高島では伊敷浜に漂着した壷に五穀の種子が入っていた。それをハタスという畑に蒔いて、沖縄全島に広がったというのである。これは特定の古い家が継承する神話伝承であったが、竹富島ではこういった特定の家はない。しかし、島に住む人たちは海上の道をやってくる神々を思い浮かべ、豊穣の種子の到来を願ったのである。

病魔も海からやってくる

海から豊穣をもたらす神がやってくることを述べたが、この道を通って病魔や魔物の乗った船もやってくる（上勢頭　一九七六）。

昔、竹富島にアールマイという男がいた。この男は海が好きで畑仕事の合い間には海に出て魚を獲るのがならわしであった。

ある晩のこと、アールマイは夜釣りに行き、沖で魚を釣っていると自分の目の前に船が現れ、船人から付近の港口を教えてくれと声をかけられた。アールマイがこの船は何のためにこの島に来たのかとたずねると、「私は病魔の神である。船いっぱい病気の種を載せてきたのだ。この島の出入港口を教えてくれれば、そのお礼にあなたの畑に蒔く農作物だけは特別に稔らせてやるから、あなたの畑にはススキの葉の先のほうをひと結びに結んで目印にしておき、あなたの家の門には七五三の注連縄を張っておきなさい。そうしたらあなたの所だけは病の種を入れないから」と、病魔の神がアールマイに答えた。

アールマイは病魔船に遠回りの船着場を教え、自分は一足先に村に帰り、途中の道にある村人たちの畑に結びススキを差しつつ村に上がり、村の入口には七五三の注連縄を張って病魔の神を村内に入れないようにした。アールマイのおかげで、病魔神は竹富島に厄病を撒き散らすことができずに、その船はそのまま島を去った。

畑にススキをさすことは、多良間島でのミータマブーといわれ事例を紹介したが、ここでは由来譚として伝承され、あろうことか病魔の神に教えられたという。前元隆一はススキのことをアルマイフキといい、三本を一組にして畑に挿すのが正式であるという。すなわち一本は天の神、一本は地の神、あとの一本はアールマイの神に対する願いと感謝である。竹富島の盛大な祭りは、国の重要無形文化財に指定されている種子取祭であろう。世持御嶽での各種の芸能は有名である。この祭りは前述したユーンカイから始まるわけであるが、種子取祭の四九日前の土祭りも興味深い。

上勢頭亨の報告する土祭りは、「この日は、畑からススキの芽を取ってきて屋敷の四隅に挿し、土地の神に家内安全を祈るという。翌日は節振舞《ちちふるまい》といわれ四つ組の膳が振舞われる。来年もまた豊作で食膳を賑わしてくださいという意味が込められている。この日は福を迎え入れることは何であれ大変喜ばれたが、出すことは嫌われたという。三日間は厳重な物忌みとして畑仕事はせず、物音は立てなかった。祭りは鍛冶屋の〈つち〉の音をもって終了した。そして、四九日目の〈つちのえね―戊子〉の日から一〇日間の種子取祭が行われた。各家の種下ろしは、戸主により執り行われヤスバ粟、麦、高キビ、キビ、白餅粟の種を畑に持っていき、ヘラで畑を耕してそこに種を撒く耕作模擬儀礼である。それが終わると大本御嶽に向けてススキを立てた」という。

ススキや注連縄を張って、集落や畑あるいは家を守る方法は沖縄ばかりか、本土でも広く行われた。しかし、これが病魔神から教わった方法であるところが、竹富島の特有の伝承である。世果報《ゆがほー》も弥勒世《みるくゆー》も、村を滅ぼす神さえも海の彼方からやってくると観念した。

サーラ田伝承

遠藤庄治は平成七年に竹富島で民話の調査を行った。そのとき明治四一年生れの高那石吉から、西表島まで出かけて水田を作った話を聞いた（遠藤　一九九七）。

出作りはこっちからは、大きな真っすぐの木を彫りぬいた刳り舟で行きますから、その刳り舟はもうほとんど竹富の各家庭が持っていましたよ。あれは出作りに行くのに自転車の代用だからね。行くときはいつもやっぱり、一週間ぐらいの食糧を持っていくんです。それで西表島で泊まります。出作り小屋は小さな茅葺きですね。それを隣近所で二軒ぐらい共同で作って、一緒に寝泊りしてどんどん米を余計作ろうとしました。農具やなんかはそこに置いているわけです。

作った米は籾にできなくて、長く刈ったままのを束にして島に持ち帰って干しました。それからシラといって、これを積み上げて必要なときだけ引き抜いていちいち穂を落としてそれで臼でついて食べるのです。

海が荒れるときもあって、こちらに帰れないときもあります。今日が種取祭りだというと、少々の天気を無理して返ってくる時もありました。田んぼを作るのに相当犠牲を払った人が多いですね。昭和三〇年ごろまでは西表島で稲を作っていましたが、その後はどんどん米もたくさん出回り作らなくなった。（※原文を整理）

竹富島から西表島までは距離にして一八キロメートルほどである。現在では二〇分ほどの船旅であるが、刳り舟ではどれほどの時間がかかったのだろう。ニーラン石の立つ浜からは西表島は指呼の間にある。ここは現在でも沖縄において最も稲作の盛んな土地で、一昔前には竹富島は言うに及ばず、黒島や波照間島からも出作りが行われていた。

ところで、竹富島にはかつてサーラ田で稲作が行われたという伝承がある（上勢頭　一九七六）。

昔、竹富島に仲嵩という山があった。竹富島はその山から流れる水でりっぱな田圃を作り、米がよく取れる島であった。竹富島の一農夫は田圃を作り働くことしか知らなかった。その農夫の妹は島の神司《かんつかさ》を勤めていた。妹は常に兄へ「コメはあなたの力だけでできるのではありません。天からの恵みの雨があり、山があり、田圃があって初めて豊作が得られるのです。毎年収穫したらお米のお初穂を必ず神様へ差し上げなさい」と言い聞かせた。

ところが、兄はたいそう欲が深く、神への信仰心もなく、新米を収穫しても妹の司へは米のお初として一番悪い米粒の糠米《ぬかまい》二合しか差し上げなかった。妹は大変怒って、私を馬鹿にしているとのことで、早速神に糠米を差し上げ神からの教示をまった。するとすべてに感謝のない者には田圃を作らせることはできないと、神は妹に命じて機織り機のアジグチに仲嵩を乗せて、隣の小浜島にすくって投げた。こうしてできたのが小浜島の大嵩《うーたき》であると言い伝えられている。それから後は、竹富島には山がなく、田圃がなく、米が取れず、欲の深い兄の作っていた田圃にはサーラという畳の原料の草が生えたので、村人たちはその田圃をサーラ田と呼ぶようになった。

前元はその場所をナージカー（仲筋井戸）の前に広がる草地であるという。現地はちょうどンブフルの丘のふもとで、玻座真と仲筋の中間点にあり丘は境ともなっている。道からは低地になって一面は湿地的な景観を見せている。

さて、この伝承では田圃とそこを潤した山ごと隣の島に飛ばされたことになっている。小浜島に行ってみると、この山というのは大嵩（標高九九・二メートル）と呼ばれて、その裾野で水田を見ることができ

写真59　小浜島の水田と大嵩

た。遠藤は大岳由来話を掲載している。

　何かこの偉い人のたぶんオオマ赤蜂だろうと思うがね。大岳ふたつをね、竹富から棒で担いできて、小浜に置いたって。それから水も豊富で小浜は世果報の島といわれている。

短い話ながらも、小浜島の人たちも竹富島から山が移動してきて、それから島が栄えたことを伝承していたのである。沖縄の島々を巡ると、稲作に対する飽くなき欲求というのは、どのように稲作が困難な土地であっても試みられた形跡があった。日本列島に中国大陸や朝鮮半島から稲作が伝えられた二〇〇〇年前にも同じような状況があって、北部九州に上陸した稲作はほとんど時を隔てることなく、またたく間に本州の最北端まで到達した。この波は南西諸島には伝わらなかったが、沖縄の稲作は南からの伝播であるという。

ヤギを屠るを手伝う

ヤギは昭和三〇年代までニワトリやウサギなどと一緒に家で飼育され、その世話は子どもたちの仕事であった。いつの間にかこれらの小動物は姿を消した。ヤギはミルク、ニワトリは卵と肉を人間に供給してくれていた。

沖縄では今でも豚肉とともにヤギ肉がよく食べられている。ヤギ肉はおもに祝い事やサトウキビの刈入れが終わったときに、体力の回復と称して近所の人を交えて食されている。豚は鳴き声以外捨てるところがないなどといわれるが、ヤギも同じように血の一滴まで調理される。

ところが沖縄本島でも都市部ではほとんど見かけなくなったが、調査で訪れる多良間島や竹富島などでは、集落を外れると草むらの一画に粗末な小屋が掛けてあり、その中には必ず五〜一〇頭のヤギが飼育されている。もちろんペットとしてではなく食用である。

今年の夏（二〇〇八年）竹富島でヤギの解体作業を手伝うという幸運にめぐり合えた。このことを誰となく自慢気に話をすると、沖縄の人にとっても今ではめったにないことだという。

ヤギは三歳のメスで体重は三〇キロほどに育っていたが、二、三日前に蜂に刺されて弱ってきたのでやむなく屠殺するという。集落からはなれた飼育小屋に少し遅れて到着すると、すでに血は抜き取られ全身の毛もガスバーナーで焼かれていた。これから浜に行って解体するという。観察できなかったところをあとで聞き取ると、血は料理に使うため生きているときに木に逆さに吊るし、首の頚動脈を切って鍋いっぱいに集めたという。

浜での解体

軽トラックに積まれたヤギは近くの浜まで運ばれた。東の浜でどこまでもきれいな白砂が続いて波は穏やかだった。解体作業人（飼い主）ひとりと助手二人である。普段は一人ですべてをこなしてしまうという。解体の手順は、浜際の水に入りヤギの腹を上に向け横たえた状態で、黒焦げの胴体をタワシできれいに洗われた。以前は藁を燃やして毛を焼いたが、本当はこのほうがおいしいという。解体作業人は引き続き水の中でヤギの尻のほうに位置取りしたが、この位置は内臓を取り出すまで変わらなかった。

最初に包丁で尻の部分を丸く切れ込みを入れ、ここを起点に腹の正中線に沿うように一気に腹からのどにかけて切り裂いた。そして、首から頭が切断され海に投げ入れた。頭は竜宮の神様に捧げるのだと解説した。ヤギの頭は波間に浮かんでいたが、そのうちに竜宮の使いに引っ張り込まれるだろうという。神への感謝を怠らない、生きている民俗を見た思いである。

この後はのどから両手で食道をつかむようにして、そのまま内蔵の中心部分まで引っ張り出したのである。アバラ骨と内臓とを切り離していたのだ。なんという鮮やかな手並みであろう。これで肉の部分と内臓は完全に分離された状態である。内臓は白い脂肪で厚く包みこまれている。いわゆる内臓脂肪というやつだが、ヤギは脂肪分が多いという。ここまで約一五分である。最初に血を回収しているので水や浜を汚すことはなくいやな匂いもしない。足のひずめと肺、脾臓、胆嚢は食べないということでその場に捨てられた。これは神様に捧げたものではないと念を押された。

写真60　ヤギの解体作業

胃を解体すると当然その内容物は草であるが、一〇キロ以上の重量があるといい、内臓全体のほぼ半分を占めている。ここから手伝いの作業である。胃の中を洗い、腸に取り掛かったが細長く手間取るばかりである。縦に包丁の切れ目を入れて内容物を捨て海水で丁寧に洗った。ここで手抜きをすると調理する時ヤギの匂いがつくのである。浜では枝肉の部分と内臓にわけられ終了した。尻に切れ目を入れてから、ここまでの作業は約一時間三〇分であった。

肉の茹でと煮込み

沖縄ではヤギに限らず、牛肉や豚肉も基本的には汁物、たき物として調理される。そして必ず内臓と血も一緒に煮込まれる。焼肉文化はないという。味付けは塩と少量のしょう油である。

解体作業人は自宅の庭にかまどを三か所準備し、大鍋に湯を沸かし始めた。手伝い人は枝肉と内臓の小分け作業である。鍋のそばに仮設のテーブルを作り、その上に肉を置き山刀で骨と一緒に拳大ほどの大きさに切り分けた。上半身は飛び散った肉片と脂でべとべとし始めた。茹での作業は肉と骨付き肉、内臓に分け、煮込むときに始めて一緒にするという。一キログラムほどのブロック肉の山となったころ、ようやく湯気が立ち始めて鍋に投入した。二時間ほどで茹で上がり、周りは肉汁の匂いが充満している。一旦テーブルに取り出して荒熱をとり、さらに一口大に細かく切る作業が待っていた。ここでようやく試食ができた。塩が出されてつまみ食い。おいしい。血も塩で混ぜられて固まっていた。これも薄くスライスして塩をつけて食べるとレバーの味がした。

その後、ようやく肉と骨付き肉がひとつの鍋に入れられた。ここでは、調味料として少しのしょう油を入れるという。注目されたのは、この煮込みに入ってからフーチバー（よもぎ）、タップナ（長命草）、ピヤシー（島こしょう）、ンガナ（にが菜）、ウンキョウ（ういきょう）の五種類の草が投入されたことだ。解体作業人は、竹富島ではこれらの草は薬草として利用もされ、みな家の周りや畑に生えているものばかり、しかも肉の味もおいしくなるので欠かせないのだという。ヤギも含めてすべて身近な廻りで調達できることの豊かさを今更ながら教えられた。

午後四時ごろにすべての作業が終了した。茹でただけの三枚肉と肝臓はスライス肉として別に作られ、これは塩だけで食べた。まるで肉のサシミ感覚である。煮込まれた肉料理は絶品であったが、なによりも解体作業人の手際のよさ、技術の高さを見せてもらった一日である。この技術は父親から伝承されたものであるといい、以前はヤギのほか豚や牛も解体したという。また、家の周りで調達された薬草の知識も豊富であった。しかし、島でもこのような薬草を使うことはなくなったという。南国の島ではこれらは枯れることなくいつでも手に入るが雑草と化していた。

この日の体験は改めて私の生存というものが、まぎれもなくヤギの死をもって成立していることを思い起こさせた。血の一滴までおいしくいただく理由がここにあるのだろう。

翌日、あらためて解体作業人の家を訪ねてゆっくり話をうかがい、どんぶり鉢一杯のヤギ汁をご馳走になった。

二　波照間島

波照間島は日本の南端の島である。石垣港から高速船でちょうど一時間。出航してしばらくは竹富島や黒島、新城島の沿岸を通過するため波は穏やかである。ところが島影が見えなくなると、海上には波が立ち始める。航路の三分の二ほど進んでそろそろ波照間島が見えてくるころ、高速船は前後左右に揺れ始める。あとで海底地形を見ると深い溝が入って早い海流が流れている。いつも変わらない船の難所である。そんな海域を風雨の中、波照間島を目指して出航した。民俗調査とはかくも厳しいものであるのか、自分自身に課したことであるというのに。

壷を祀る村

国分直一は九州から南西諸島から、台湾など広大な地域をフィールドとした考古学者であり、また民俗学者でもあった。そんな国分に『壷を祀る村』という表題の本があり、戦前の台湾民族を調査したものである。その中のひとつが「壷を祀る村」の報告となっている

台湾南部の壷を祀る村は、いくつかあったようで北門地方（戦前の地方名、以下同じ）をくまなく調査し、そのうちの砂丹では粗末な小屋掛けの中に祭壇を設けて、壷が並べられている様子を巻頭写真に掲げている。その小屋はKonkai（コンカイと表記できるのか）と呼ばれる神聖な建物は、「公廨であり集会所の意をもち、その祭場の原始的な形式を伝へるものと思はれるものは甘藷の葉か茅の葉でふいた屋根を四本の竹の柱でささへた粗末なものである。神体は壷である」として、壷は祖先を意味するという。祭日には親戚縁者が集まり、壷の中にカヤの葉を挿してその前には糖や檳榔の実を供えたのである。昔は豚の頭骨なども捧げられたと記している。カヤは祖先神の依代であるのか、一〇個ほどの壷が祭壇の上に並んで、その中には葉の挿してあるのがわかる。

写真61　ミシクの壷を埋めた遺構

波照間島の壷を祀る祭場は、C・アウエハントによれば、島の西のミシク浜には現在の集落のもとになった村跡があり、ここには村の始祖となった兄妹が油雨の難を避けて隠れた洞窟と、その後に住んだという跡があってその一画に壷が祀られている。波照間島の始祖伝承から出発する（アウエハント 二〇〇四）。

はるか昔、人口過剰と飢饉に苦しんだ時、波照間島の人々は老人を遺棄し、子どもや幼児を殺すことを迫られた。天の神は彼らを罰するために、生きとし生けるものを焼き殺す油の豪雨（アバーミ）を降らした。島の北西海岸のバショーチィという洞窟に隠れていた兄妹二人の人間だけが生き残った。

そこで、妹は最初の子供を産んだが、海水で洗ったところボージィという毒のある魚になった。洞窟の東で生まれた二番目の子どももまた、海水で洗うとムカデになった。それから、二人は洞窟から高台に移り、砂丘を上がってミシクと呼ばれる場所にきた。そこで、かれらは片屋根の小屋を作り、シライシ（出産の石）の近くで三番目の子どもを産んだ。この子は清水で洗うと最初の人間の子になった。それはアラマリィと呼ばれ、そしてアラマリィヌパ、すなわち新生の女として波照間島の人類の祖先となった。

この話はアバーミという恐ろしい雨で村人は全滅したという伝承を語っている。油雨とはどんな雨なのか。アウエハントの聴取した始祖神話は異伝がいくつかあり、また遠藤庄治も一六話を聴取していて、波照間島ではよく知られた話なのである。ふたのり兄妹がアバーミを避けて隠れたという洞窟は、現在では砂が吹き込んで埋もれている。そこから移り住んだというミシクは、洞窟からはほとんど離れていない砂丘堤の平坦地にあり、石積みの住居区画や道などが残っている。その石塁で囲まれた一画に壷を埋めた遺構があった。石を三〇センチほど積み、その中央に埋没させるように肩から上だけを露出させている。壷の出ている部分を計ると胴体の直径は約二五センチである。建物などはなく露天にあるため、口の部分まで水が溜まっていた。壷の隣にはアウエハントが墓と推定した石積みがあり、さらに通路の左は、直径三メートルほどの石列と立石がある。このほかシャコ貝を集積した跡や円形の列石などが点在して、全体としては複数の遺構が混在しているような印象を受けた。

アウエハントは、壷に溜まった水の水位によって作物の豊凶や大異変の有無を判断したといい、また、水位が下がるときはひどい干ばつになり、高くなると大きな台風が来るという。私にこの壷のことを話してくれた新城永佑は、この壷は雨量計であって「世の定めの甕」であるといわれた。ここを管理して祭祀を行っていた神女は亡くなり、祭祀も途絶えて久しいようである。このように聞くと、埋設された壷や祭場の石列、石塁などはやがて砂に埋没し遺跡化していくのだろう。

壷を祀ることは沖縄本島でもいくつか事例がある。そのひとつは、世界遺産になっているセーファウタキ（斎場御嶽）である。琉球王府の時代に国家祭祀を司った聞得大君《きこえのおおきみ》の就任儀礼が行われた祭場である。

琉球国は一八七九年に日本から琉球処分と称する一方的な国家廃絶の命令を受け、五年後には聞得大君制度も廃止された。このため、セーファウタキは、管理が行き届かなくなると当然のように荒廃したが、戦後になって遺跡として再出発の道を歩むことになった。

写真62　サングーイ（三庫理）の祭場

ウタキ内は大庫理（ウフグーイ）、寄満（ユインチ）、三庫理（サングーイ）の三か所の祭場が点在している。いずれも岩壁の裾に祭場を作ったもので、サングーイの祭場は最も規模が大きく、通路の右側の山手には巨岩が斜めになって広場を覆うようにせり出している。天井に当たるところからは、鍾乳石がいくつも垂れ下がって鍾乳洞の中のような情況である。鍾乳石の中でも大きな二本には名称がつけられ、手前の鍾乳石は「雨たゆるあしかの美御水―アマダユルアシカヌビー―」といい、天からアザカという聖なる木を伝って霊水が流れ落ちるといわれる。奥のものは「しきよたりょう雨か美御水―シキヨダユルアマガヌビー―」といい、シキヨという聖なる植物（神女の冠などに使われるトウズルモドキ）を伝って流れる天からの霊水である。

天から流れ落ちた聖水を受ける壷は、石の基壇上に置かれている。かつては黄金《くがに》の壺とよばれたという。この水は稲の祭祀が行われるとき首里城近くの聞得大君殿まで運ばれた。サングーイで採取された聖水が、稲の祭でどのように使われたのかは伝わらないが、国家祭祀のひとつとして稲の豊穣にかかわりのあったことは予測される。

大正一〇年にセーファウタキを訪れた柳田国男は、この祭場の壺に触れて、「カミグワー石といふあり、道の右手の大石より鍾乳の四五尺のもの二本下れり、水滴る。其水をうくる所に白磁の小瓶二つあり。其水涸るときなけれど、其多少を以て世を量り乾湿を卜し、又此の軽重を以て占をなす」と記している。水の多少を持って世を量るというのは難しい表現であるが、波照間島の新城の言った「世を量る壺」との見解に通じていて興味深い。これらの壺の水によって作物の豊凶を占ったのだろう。

沖縄本島にはセーファウタキ以外にも、大里村（現南城市）や与那原町にも壺を祀った伝承がある。また、勝連町（現うるま市）浜比嘉島のシニリク神を祀る洞窟には、洞内にたまる水の量によって一年の稲作の豊凶を占ったという窪みがある。このように、壺を祀ることは沖縄の広い地域で行われていたのである。村々の稲作儀礼が国家祭祀として行われたときが、セーファウタキの成立する契機になったのだろう。

西表島と対峙する石獅子

名石集落の北には、コート盛《もり》という高さ四メートルほどの円形をした遠見台が、港に続く道の傍らにある。この施設は琉球王府が島の近海を航行する船を監視するために作った。八重山諸島から宮古諸島を経て首里城までの島々に複数で置かれ、異変が起きると昼夜を分かたずに烽火《ほうか》によって島伝いに情報が王府まで伝達された。しかし、地元では公用に供されたばかりではなく、波照間島から西表島に水田耕作に出ていた家族への連絡にも使われたという。コート盛の頂上に立てば、北の方角に西表島がまじかに見えている。

道を隔てた西の畑には、サンゴ石特有のゴツゴツとした岩肌を残した獅子が一体置かれている。説明版もなく見落としそうになるが、近よると加工した痕跡はまったくなく、獣の顔面と胴体のように見える自然の岩である。注目すべきは頭の正面を西表島に向けていることである。この獅子については次の伝承がある。

西表に獅子石といってね、一個の獅子みたいな格好の大きい石がある。あの西

写真63　コート盛（遠見台）

写真64　自然の岩でできた石獅子

表の大きい石は波照間を食べようという獅子だというので、こっちの波照間では、「これはいかん」といってね。あっちの西表に向けて立てる獅子石を探してきて、沖縄電力北にヤラブー林があるさね、そこの西に小さな石を置いた。また富嘉《ふか》部落の東にも獅子石があって、また名石《ないし》部落にも守りの獅子石を立てているよ。あっちの大きい獅子が、こっちを波照間を食べようとしたら、波照間のほうでは一匹だけで頼れないから、あっちこっちに守り獅子を作っておいて、西表に勝つようにしているわけさ。

コート盛以外に沖縄電力の所と富嘉集落にもあるという。現地を確かめるべくこの二か所を訪ねると、沖縄電力風力塔のある道を隔てた所には、少し小さい石獅子が置かれていた。正面から見れば獅子という には形を想像するのはむずかしい。後者は土地改良によって失われたという。現在はこの二体で食われまいと島を守っているわけである。

牧野清は「波照間には外にムラポーギィイシとよばれる風水石が建てられている。これは今から三〇〇年以上も前に、稲福里之子という沖縄本島からの流刑人が、村の保護石として建てたものと伝えられ、その旅妻となったヤマダヌブワとよばれる婦人の子孫が管理している。この風水石は村の外側に三か所あり、二つは西表島に、一つは与那国島に向けられている。波照間島に向いている西表島（獅子岡）や与那国島からの呪いを打祓うという意味があったと伝えられている」として、石獅子は島の伝えとして琉球時代に沖縄本島からもたらされたと記している。この獅子は与那国島も向いているともいうが、波照間島からは与那国島を見ることはできない。

沖縄本島の石獅子を研究した長嶺操は、石獅子は沖縄本島南部八重瀬岳周辺の集落に集中するという。この山は火山《ひやま》として周辺の村々から恐れられ、この山に対抗すべく多くの石獅子が立てられた。最も早いものは一七世紀ごろで、一九世紀中ごろにピークがあったという。東風平町《こちんだちょう》（現八重瀬町）富盛《ともり》の石獅子は由緒正しく、一六八九年に八重瀬岳に向けて火災を防ぐために建てられたのである。長嶺は宮古・八重山諸島では確認されないとするが、波照間島の石獅子は、牧野が報告するように特殊な事例であって、沖縄本島人の持ち込んだ文化である可能性が考えられよう。

ところで、波照間島に対抗する石獅子は西表島にあるのだろうか。山田武男は、「ペーブ石、一名パティロークェーズという。パティロークェーズとは波照間島の人々がつけた名だと聞かされている。ペーブ石は波照間島に向かって位置しており、いかにも動物が大きな口を開けているように見えるので、波照間を喰う石という意味の名が生まれたという」。地図では西表島の西方にあたり、集落や道はないところである。海岸線の立石のようで船便でないと近づけない。一方的に波照間島の人がこの石に食われると考えたのか。

よく似た話は沖縄本島にあり、たとえば北中城村比屋根《なかぐすくそんひやごん》の「比屋根クヮークヮー」がそれである。比屋根の村の方に向かって口をあけている、比屋根クヮーシーという岩があった。岩は下あごが蛇の口のように大きく開いていていた。この岩には神が宿っているといわれ、「比屋根クヮークヮー、喰おう喰おう、与儀《よぎ》は栄えよ」といっているという。そうしたら、比屋根の人は与儀村に「こんな岩がこちらを向いているから比屋根は栄えないのだ。ぜひとも割らせてください」と願い出た。与儀村では

「自分たちの村の元祖でもあるが、そのような事情であればしかたがない」ということで、その岩を割らせたそうだ。比屋根の人は、蛇のように大きく開いた下あごを割ってしまったので、この岩はもう「比屋根クヮークヮー、与儀栄え」とは叫べなくなった。それからというもの、比屋根はようやく栄えるようになったということだ。

現地に行ってみると、比屋根と与儀は谷を隔てた集落であり、比屋根クヮーシー石は丘の上にあったというが、伝承にあるように壊されていた。どうもこの岩を壊したという話は地域の史実なのである。そこに暮らす人々にとっては切実な問題だったことは間違いない。波照間島ではそこに風水師という、なにやら怪しげな人間が介在したようだ。

南の島に見果てぬ夢見る

九州の南端から台湾まで一〇〇〇キロメートルの海が広がる。この間にいくつの島が点在するのだろう。島の大きさの定義にもよるだろうが、目崎茂和は一〇平方メートル以上の陸地のあるものを一一八島と数えている。この中で島の四周を見渡しても隣の島影がまったく見えないのは、粟国島、多良間島、与那国島などである。このような孤立した島にいると、特有の心理的な閉鎖性を強く意識する。島人であればなおさらのことであろう。波照間島には、このような絶望感から脱出したいという心理の裏返しともいえる理想郷を願望した話が伝わる。

この島の南には南波照間島というところがあって、青豆、赤豆なんか出来る時にはね、その島から夜中に来てみんな持っていったらしいよ。牛屋敷の本比田の家の人は、「夜中に舟に乗って南波照間島に行ってきたよ」といってね、みんなにその南波照間島といわれるマルバン島とバカン島に、島の周りにきれいな花が咲くマルブサが生えていたから、そのマルブサをこの島に持ってきたそうです。仲本の爺さんの話ではこの南波照間島という島からは、遠くからも草やなんかを焼く煙が立っておったのが見えたというがね、今は見えないから地震か何かで沈んだってことよ

波照間島は、南の端にあるサンゴが砕けた砂礫からなる島の意味であるという。言葉からも果ての島であるという響きが伝わる。石垣島から離島桟橋を出航する船便で一時間の船旅であるが、この島に渡るには、「波照間渡り」と昔から恐れられた、流れが速く普段でも波浪の立つ海峡を越えなければならない。八重山諸島の中でひと際大きい島である石垣島は、人口が集中する唯一の都会である。ここの人に波照間島に行ったことがあるか聞いても、行ったことがないという人は多い。波照間島はまさに絶海の孤島なのだ。

島人たちはいつごろから、南にあるという豊穣の地に渡ることを夢見たのだろう。歴史的事実として、ついに南波照間島に渡ることを決心した人たちがいた。『八重山年来記』という琉球王府の公式文書には一六四八年のこととして、「波照間村の内、平田村の百姓男女四〇～五〇人ほどが大波照間という南の島へ逃散（逃亡のこと）した。そのことで波照間村の松茂氏《まつもうじ》波照間首里大屋子《うふやく》は、守恒氏《しゅこううじ》石垣親雲上《ぺーちん》の乗り船で上国したところ、落ち度があったと役務をはずされた。八重山へ帰る時、南の島に漂着した。波照間首里大屋子と石垣親雲上をはじめ、船中の人々は翌丑年与那国島に到着し、そこから帰ってきたとのこと

である」と記録している。

伝承で語られた南波照間島は、実際に存在すると信じられていたのである。二年後の島の人口が二九八人であるから、この時は四分の一ほどの人々が島から脱出したことになり、大事件になったはずである。首里王府まで出向いてこの事件を報告した役人は、監督不行き届きということで、あろうことか役職を解かれた。その上島（この場合は役所が置かれている石垣島かと思われる）に帰る途中に遭難して、南の島に流されたというのである。自らも偶然とはいえ何という皮肉であろうか。人知では計り知れない海の怖さがうかがわれる。

この事件は後世まで島の人々に記憶されて、役所の記録より生々しい話が伝わっている。

この話は一六四八年だというから、今から三二〇年ほど前にあった鍋掻《なびす》き浜という話です。波照間島にははるか南に、南波照間島という島があるという伝説がある。波照間島は、島が小さくて人口は多く、税金は高いもんだから一〇家族とかが「なんとか税金のない南波照間島という島に行って生活したい」と思って、いかだを作ったり舟を作ったりして、波照間島から脱島したそうです。そのとき波照間には鍋掻浜というだけしか浜は無かったそうですから、その浜から出発したんです。このとき、ある女の人が家に鍋を忘れたので、それを取りに行っている間に舟が出てしまったので、その女の人はそこの浜で鍋を掻きながら悔しがったという。

このような悲劇は幾度となく繰り返されたのだろう。ここに語られた南波照間島は台湾だという説もあり、調査した人も現れたが解明にはいたらなかった。かつての島の暮らしの厳しさを伝えるには十分である。しかし、脱出しようと決心した一瞬は、留まるのは地獄、南波照間島を目指すのは一縷の夢であったはずだ。

スサレロ―死者への唱えごと―

スサレロは波照間島の葬送儀礼において、死者に対して直接に語られる唱えごとである。これには、①墓に柩を入れた後に墓の扉を仮閉鎖したときの唱えごと、②葬式を終了して墓を後にするときの唱えごと、③三年あるいは五年が経って後におこなわれる洗骨での唱えごと、④三三回忌での唱えごとなどがあるという。唱えごとはニンブチャー（念仏者）と呼ばれた人があたったが、今日ではこれを継承する人がいないため、かろうじて年長者でスサレロを知る人が唱えているという。新城百恵の二〇〇四年の調査では、ニンブチャーは一〇年ほど前に途絶えたと報告している。一九六五年に島に渡って半年間民俗調査に携わったC・アウエハントの時期は、まだニンブチャーは健在であったのである。アウエハントの聴取したスサレロは、仏教の世界観とは別次元の死後の世界観をよく表現していると思われる。

①の段階のスサレロ

今、あなたはウヤピィトゥ（死者・祖先）になられたので、精一杯りっぱな葬式をおこないます。私たちはあなたをグショー（後生）への大いなる道、広い道、よき楽な道を通り、あなたのお墓、ウヤピィトゥがいらっしゃる場所に送ろうとしています。どうか、安んじてよき葬式をしてもらい、何一つ迷うことなく送られてください。

ここでは死者に対して、後生での生活はかつてともに暮らしたウヤピィトウが、生前と同じ暮らしをしていると説く。このことによって死の現実を受け入れるように語りかけるというのである。ここには現世に生きる者と、昨日までともに暮らしていた死者、そして祖先たちがひと続きの家族であることを強く意識されている。

②の段階のスサレロ

グショーへは楽に入れるよき道があるとあなたにいったが、グショーには何千、何万の道もなく、よき楽な道などありません。グショーに関する限り墓こそがグショーなのです。あなたはそこから現れてはなりません。起き上がってあなたの家に行き、子孫たちに会ったり、村に来てはなりません。さまよい歩いてはなりません。あなたはもうプトゥギ（祖先）なのです。あなたは今ウヤピィトウの腕の中で眠っています。今からはずっとどんなことがあっても、自分の家族の暮らしぶりを見にきてはいけません。起きてはいけません。今からは、供養の時がきたらあなたを迎えに参ります。それまではプトゥギの腕の中にいて極楽の生活を模範的に送ってください。

②のスサレロは舌の根の乾かないうちに、柩に入れたときの語りかけとは裏腹に、死者に命令するような強い口調の語りかけである。ここには、さまよい出ようとする死者への強い畏れを表現している。死者の霊がマジムン（悪霊）となって、墓と村を行き来するという意識は沖縄各地にある観念で、死者が生前に耕していた畑や飼育していた牛などを見て回わると考えた。このよう死者の行動は、種が腐り畑の作物は枯れて収穫できなくなる、あるいは家畜などは死ぬと畏れられた。

この段階は集落にほど近い墓が死者の家であって、ここで死後も生き続けるという矛盾をはらんだ解釈あるいは観念を抱いていた。このことを象徴的に現しているのが、墓のことをシーンヤー（後の家）とよぶのである。

徳之島のクヤ（供養歌）は酒井正子が報告したが、ここでは死者を囲み精一杯の親しみを込めた即興の歌として語られるという。ところがイギャネィ（しのびごと）とよばれた近親者の語りかけは一転して、「また戻っておいで」という類の言葉は厳に慎まれ、「あなたはもう何ひとつ思い残すことはないから、どうかまっすぐサキノシマ（あの世）へ行ってください。どうか後は振り向かないでください。この家はもうあなたの家でなくなったし、あなたの子どもたちは、もうあなたの子ではありませんから」とイトマゴイ（告別）に類する言葉を言い聞かせたという。徳之島のイギャネィと波照間島のこの段階のスサレロは、みごとに一致している。酒井は死者に対する親しみを込めた歌と言葉掛けの一方で、死霊が戻ってこないように細心の注意が払われたという。

③の段階のスサレロ

今日は家族の親戚と跡継ぎが連れ立って、あなたを洗い磨くためにやってきました。あなたの体を美しく磨きたいので何も（悪いことが）起きないように、そしてあなたに上等な洗骨をして差し上げられますように。

洗骨は葬式の後、三～五年の間に行われた。C・アウエハントは、骨を洗うことをサイシが「シラミジィ」と表現したことに注目している。シラミジィは特別な井戸から汲まれる水で、子どもが誕生した時の産湯ににも使われるため、洗骨もまた誕生、つまり新たな段階への移行の合図であるという。

④の段階のスサレロ

さあ、どうか、天までお上がりになって下さい。白雲、湿った雲まで上がりになってください。喜んでカミになってください。

これは三三回忌でのスサレロである。最後のカミになってくださいという表現は、カンナリィオーリタボーリであり、方言でもカミという言葉で表現される。三三回忌の儀礼では、生家の庭にミナガヌヒンタマという仮設の家が組まれ、その一画にはガジュマルの木を据えつけた。ウヤピィトウはこの木をつたって昇天し、これまでの住まいであった墓を離れて神になるという。このあとウヤピィトウの位牌は燃やされて、以後は祀られることはないのである。つまり三三年を過ぎた祖霊は、カミとなって盆などで祭祀を受ける対象でなくなると観念された。

波照間島のスサレロは、死者から長い年月を経てカミとなっていく間に唱えられた。そこには、霊に対する恐れと慈しみという、相反する観念が複雑に交差した唱えごとでもあった。しかし、ここには画一化された仏教の教義にはない、祖先との繋がりを確信する他界観を確認できよう。

死者が死後においてカミになるということは、沖縄では一般的に表現されるがそれは観念的であり、波照間島のように昇天のための装置を作り、唱えごとがあるという事例はきわめてまれである。カミになるための具体的な行動が伴うという意味では、生者にとって、死後の世界観はただ単なる観念世界のことではなく、具体的なイメージが惹起される、あるいは把握可能な世界であった。

アラントゥワー

オランダの人類学者C・アウエハントは一九六五年の三月から一二月の間、波照間島に滞在して民俗調査をおこなった。その時、撮影された写真は三〇〇〇枚以上であるという。その中の一割ほどにあたる三〇六枚で構成された写真集『波照間島』が、調査当時にアウエハントに同行していた静子・アウエハントの編集で四〇年ぶりに出版された。この二冊によっていっそう一九六〇年代の島の様子が手にとって分かるようになった。

静子・アウエハントは「あとがき」のなかで、「当時の波照間島は、ほとんど島のワクの中での交換経済で成り立つ社会でした。その生活の隅々にまで、島独自の信仰が脈々と息づいておりました。神行事の折の女たちの姿は神々しく、独特の清涼感にみちていて、撮影しながらいくたびも、感動に打ち震えたのを覚えています」と記している。

わずか五〇年ほどの時の経過は、私が島を訪れたとき（二〇〇六年）とはすっかり風景を一変させていた。島中に及んだ区画整理は、神道や葬式道などを消し去り、あるいは分断を余儀なくされていた。それでもC・アウエハントたちが撮影したワー（拝所のことで沖縄本島ではウタキである）の景観は変わることなく、特にアラントゥワーの時を経たフクギ林と木造の家、石造りの井戸、聖所イビに入る木造の門などは、写真のフレームから抜け出したようにそこにあった。

ワーの基本的な形は、聖域全体を囲む石垣と神女たちが籠るための建物、そして祈りのために入るソマーミの一画で構成される。マソーミはフクギの巨木が囲んで、正面にはペッツァヒー（這って入る家）といわれる、背をかがめて入るほどの小さな門が開いている。門から正面を見ると神の依代といわれるブーがある。ブーはサンゴの自然石でこの前に大きな香炉が置かれている。神女たちが籠もる家は、ワーヌヒーと呼ばれ、神女たちが祭りのときの寝泊りと待機する家である。小さいながらも沖縄の伝統的な木造建築物で、棟側の板戸にはブーに向かうように三か所に小さな窓が開けられて、ワーヌヒーからもブーを拝むことができる。

アラントゥワー全体はかなり複雑な世界をつくる。石垣の囲いは一辺が四〇メートルほどの方形で、その北西部には新本《あらもと》家の屋敷と庭が占めている。つまり聖域内に民家があり、この区画内には同家の祖先墓

写真65　ペッツァヒーの小さな門

写真66　神の依代・ブー（前に大きな香炉が置かれている）

と伝承される石積みもある。ここは「メーパナジ　オール　ウヤン」アラントゥワーの前の地にいらっしゃる親墓として、収穫祭の時は祭祀の対象になるという。C・アウエハントはこのような様相を、アラントゥ複合区画と呼んだ。墓であっても祭祀の対象になる聖地なのである。このようなワーはアラントゥワーだけではなく、冨嘉《ふか》集落のアースクワーも同じような構造である。

ここは保田盛《ほたもり》という波照間島の島建てにかかわる古い家で、壷を祀る村で紹介した祭場を管理した家である。現在では祭祀を司る神女の不在で、神事は途絶えたといわれている。アースクワーはこの保田盛家の屋敷を含めた全体が石垣で囲まれている。ワーそのものはマソーミ（イビ）とそこにいたる門、および籠り屋（ワーヌヒー）の中心施設と、区画を別にするゾーレと呼ばれる広場の一画に墓と伝える石積みがある。このワーで注意されるのは、ふたつの区画と通路で別区画のサヌバンヌムリ（申の森）と呼ばれる区画があり、この中に根石が置かれていたという。鎌倉芳太郎はこの根石について、子どもを産む石として祀られていたという。

波照間島のワーの基本的な構成は、島建てを行ったという古い家を包摂して、伝承を持つ人物の墓と拝所そのもの、集落の中心と観念された象徴物―石や樹木―の四点の組み合わせであるといえる。仲松弥秀はウタキの起源について、村の始祖が埋葬されたところが、共同体の宗教施として発生したと考えた。この説は沖縄のウタキの起源を考えるときひとつの指針になり、波照間島を考える上でも重要である。

波照間島の信仰体系は現在様々な変容を遂げた。ことに最近の島全体の地形を改変した区画整理は景観を一変させた。この事業によって従来から使われていた道は消滅し、集落と集落の境界と観念されていた地点もなくなった。波照間島に限ったことではないが、日常生活において、かつて重要な作物であった稲や麦、粟などはすでに栽培されなくなって久しい。島に住む人々にとっては、このような生活環境の変化の中で、祭祀の意義あるいは意味を認識し、継続することの困難さは計り知れないだろう。

三　西表島

石垣島から高速船で三〇分ほどの島である。沖縄県下二番目の大きさがあり上陸しても自然ばかりが目立つ。集落は海岸線に沿って走る道路沿いに開けている。住む人が極端に少なく内陸部は開発されていない。かつては周辺の島々から出作りと称した稲作が営まれ、山にある木は船や家の材料を供給した。

イノシシの下顎骨を祀る

南西諸島には現在、沖縄本島の北部地域と西表島、奄美大島などにリュウキュウイノシシに分類される、小形のイノシシが生息している。黒澤弥悦によると、ニホンイノシシの体重は一〇〇キログラムを越す個体があるものの、リュウキュウイノシシはオスの成獣でも四〇～五〇キログラムであって小型であるという。このため猟師は捕ったイノシシを丸ごと担ぐことができるという。石垣島の事例として、男性がバッグでも提げるようなスタイルで肩に担いでいる様子を紹介する。

ところで、国分直一は西表島大原のとある家の台所の写真を掲載している。その説明には、「厨房に飾られたイノシシの下顎。正月に竜宮の神に送り返される」と解説している。しかし、竜宮の神に帰すとはどういうことか、具体的儀礼のことは触れていない。

考古学の世界では、弥生時代のこととして、イノシシの下顎骨の複数個体を棒に挿した状態で出土する。これは何を表すのか、骨は何も語ってくれずその解釈は難しい。そこで、国分が紹介した古い写真を頼りに、大原を訪ねることにした。大原地区の集会所でイノシシのことを聞くと猟をやっていた猟師がいたとのこと。すでにその人は亡くなっていたが、奥さんから猟の概要を聞き取ることができた。

イノシシ猟

イノシシ猟は昭和二〇〜六〇年ごろの状況である。大原には猟の免許をもつのは二人であった。西表島の猟師は大原以外に北の干立《ほしたて》や祖内《そない》にもいたそうだ。猟場は縄張りのようなものはなく全島くまなく歩いていたという。猟期は一一月から三月までで、その期間はほとんど山に入っていた。猟期以外は主として畑をやっていたが、畑のイモなどが荒らされて、住民から駆除を頼まれることも稀ではなかったという。

猟の方法はほとんどがワナをかける方法で犬は使わなかった。いつも単独で行動し、ワナを仕掛けるのに一週間から一〇日間ほどかけて山を巡っていた。そのあと数日は山に入らない。これは人間の匂いを仕掛けやその周りから消すためであるという。その後また一週間ほど掛けてワナを見回ったという。このことから、一か月にすれば二〜三回、猟期全体では、最大でも一五回程度の仕掛けが可能であったことになる。ただ、一回の山入りで数多く仕掛けるものの、一〜二頭程度取れているだけであるという。

一頭のときは生きたまま肩に担いで持ち帰った。生きたままでないとイノシシについたダニが人間に移って大変なことになるという。あとは浜に行って解体したが、これもひとりでやっていたので詳細はわからない。下顎骨は特に大事にしていて、この家の場合には袋に入れて保管した。国分が紹介した写真のように台所には掛けなかったという。

下顎骨は旧暦一月三日には、主人ひとりで解体作業をした浜に全て持って行き、竜宮の神様に猟の感謝を述べて海に流したそうであるが、浜での具体的な様子は分からないという。

野本寛一は石垣島川平でのイノシシ猟の様子を聞き書きしている。「イノシシを捕獲するためのオサエヤマ（ワナ）を仕掛けるために山に入り、仕事始めに木を伐る時、シャコガイを一枚持ってゆき、真っ裸になって、シャコガイで木を叩きながらおよそ次のような唱えごとをして豊猟をいのった。「自分は刀も刃物もない。食うもの着物もない。私がこれからこの山に『オサエヤマ』を作るから、ぜひ猪を九九頭獲らせてください。一〇〇頭目には私がおさえられて死んでもかまいませんから、ぜひ獲らせてください」。これは山の神に対しての猟の祈願なのであろう。真っ裸になるというのは、山の神を女性と観念したのであろうか。しかも九九頭捕れば自分が生け贄になろうというのだ。しかし、野本はイノシシの下顎骨については触れていない。

イノシシ肉

年間で最大二〇頭ほど捕獲された計算になるが、実際は一〇数頭であったというから、一〜二週間で一頭あたりの猟で、まったく捕れないときも当然あったわけである。肉はほとんどが集落内で消費されたようで、石垣から来た業者に引き取られたときは現金収入になったという。ここで興味深いのは、豚やヤギと同じように処理されたことで、ほとんどが三枚肉として調理されたのである。筆者の叔父は鉄砲を使ってイノシシ猟をしていた。古い記憶であるが、皮の部分はよくなめされて腰当てや靴として加工していた。これには毛の部分もついていたので、おそらく冬の寒さ対策であったのかもしれない。このため皮の部分は食べなかった。ところが、沖縄ではイノシシであっても当然のように皮の部分も食したのである。

八重山地方ではイノシシ肉は正月用の肉として珍重された。大晦日にはほかの祝い物と一緒に膳に盛られて先祖への供物とされ、また家族も同じ物を食べたというから、正式な料理の一品であったといえよう。

さて、ここで考古学の話題に戻る。春成秀爾はこれまで出土したイノシシの下顎骨に穴を開けたり、棒にささった状態で出土した一四遺跡の事例と、東アジアの事例を幅広く集成した。そして、この習俗の意味や特長をまとめた。

このような出土例は弥生時代に限られること。出土する場所は墓や集落を囲む濠から出土するという。墓からの事例は少なく、下顎骨はもっぱら住居内の壁や入口、あるいは集落の入口、濠や穴、住居区の外に廃棄した例が多いとした。その役割はこれまでの、稲作の豊作儀礼に使われたとする仮説を退けて、集落内に入ってくる死霊や邪霊を撃退する辟邪の意味があると考えた。

たしかに春成も紹介する、沖縄本島国頭村の豚の頭骨を棒に挿して村の入口に立てたのは、悪霊の進入を防ぐものであった。しかし、西表島のイノシシ猟の事例は、一年間の下顎骨を集めて竜宮の神に送り返すことによって猟の感謝をささげたのである。そこにはもちろん翌年の豊猟も期待されたはずである。

このような民俗事例で扱われた下顎骨は、考古資料に対して別の見方を取ることも可能であることを示した。多良間島で聴取した事例は、コウイカの骨に当たる部分をかまどの火の神のところに集めておいて竜宮神に帰したといい、またタカセ貝の貝殻も集めて同じようなことをしたという。これなどは漁師の竜宮神に対する感謝の行為といえる。イノシシという陸上に棲む動物であっても、竜宮からもたらされた豊穣のひとつと観念されたのである。そういえば、竹富島で山羊の解体作業を手伝った折、飼い主であった人は、作業中に頭の部分を竜宮の神に捧げるのだといって海に投げたのであった。

第四章　沖縄全般にかかわること

前章までは、調査旅行のなかで、現地に赴いたときに各地で出会った興味深い民俗事象を断片的に拾い上げてつづってきた。これらは沖縄の民俗を総体として理解するためには欠かすことのできないものばかりであるが、この章で扱うのは、地域的な民俗に留まらない沖縄全体にかかわるテーマである。

フーフダ―沖縄の呪術―

沖縄のフーフダは山里純一が研究を尽くしているが、ここに現物を入手できたので紹介する。フーフダは呪符と訳されるが、屋敷の内・外で神様の宿っているとされるところに使用される。紙製、木製のものがあり、紙製のものは私の周辺でも見ることができる。ところが、木製の札となると考古学の扱う奈良時代からの習俗であった。しかし、子細に資料調査をおこなうと、長野県善光寺や京都の吉田神社などでは木製の札が配布され、忘れられた民俗ではない。

沖縄のフーフダは本島や宮古・八重山の神社、寺院などで広く配布され生きた民俗で、年々盛んになってきているという。札は紙製のものと木製のものがセットになり、木製のものは主として屋敷の門二か所と石垣の四隅に立てられた。以下で紹介するのは本島普天満神宮のものと、首里観音堂の配布するフーフダである。

普天満神宮（宜野湾市普天間）

杉板製六枚でセットになる。上端は圭頭形に加工して下端は尖らせている。全長は三〇センチ、幅五・一センチ、厚さ六ミリである。表面は墨書と朱書で呪文が書かれている。現在配布されているものはすべて印刷である。六枚のうち二枚は門用、四枚は屋敷の四隅用である。

門用

豊磐牕神　八衢女神

＜奉祝辞（朱印）吐普加身依美多女　普天満宮守護＞

久那戸神　櫛磐牕神

屋敷の四隅用

祓比給布

＜奉祝辞（朱印）寒言神尊利根陀見　普天満宮守護＞

清米玉布

（朱印は子、卯、午、酉）

門用の主文は盗難除けで、その下は「とふかみえみため」と音読される。主文右は道饗祭《みちあえ》の神、左は門戸の神・盗難除けの神であるという。屋敷の四隅用の主文は「かんごしんそんりこんだけん」と読まれる。三種祓いのひとつで左右はそれぞれ「祓い賜う」、「清め賜う」である。

首里観音堂（臨済宗慈眼院　那覇市首里寒川町）

ここも門用二枚と屋敷用四枚でセットである。木札の形態は上端を台形状にして下端は尖らせている。杉板製で長さは二五センチ、幅三・五センチ、厚み五ミリである。主文のみで墨書の上に寺院の朱印を押している。

写真67　普天満神宮の木札

門用

>< 門釘桃符喼急如律令

>< 魁魀魋𩲃魓䰟魒尊帝

読みは、一枚は「もんていとうふきゅうきゅうにょりつりょう」であり、もう一枚は「かいしゃくかんこうひつほひょうそんてい」である。前者の出典は明らかではないとするが、門に桃符を打ち付ければ直ぐに適うという呪句である。後者は道教経典から引用される北斗七星の末文であるという。

屋敷用

東方持国天王

北方多聞天王
西方廣目天王
南方増長天王

屋敷の四隅用の札は、東西南北の四天王の名が記されている。

これらのフーフダが沖縄で始められたのは、山里によると大正期になって普及し始めたという。普天満神宮などは戦後のこととされ、現在では神社が二社、寺院は二二か所が発行する。

フーフダは那覇市内などでもその気になれば見つけることは可能である。写真68は波照間島の名石集落でみかけた石垣の上に挿した札である。周辺の家にも挿してあるのを見かけるが、石垣市の桃林寺のものである。写真69は宮古市池間島の玄関風景で、この家には木札とスイジ貝という新旧のまじない物が同居

写真68　石垣の上に挿した札（波照間島名石集落）

写真69　池間島の玄関風景

していた。この事例のように沖縄の信仰は、いぜんとして旧来からの民俗信仰が強く、神社や寺院で広く配布されるフーフダが普及したといっても、それらの教義や思想まで受容し始めたかというと疑わしい。フーフダを受け入れた根底には、伝統的に家や屋敷内に入ってくる魔物から守ろうとする観念があってのものである。守護の手段がひとつ加わっただけに過ぎないと思われる。

沖縄の屋敷は石垣や垣根で囲われるのが原則である。南に面した門が外に開くが、そこにはヒンプンと呼ばれる石壁が障壁としておかれて、魔物は直ちには入ってこれない構造である。また、屋根ではシーサーが侵入者を見張っているのである。

大正一四年に刊行された佐喜真興英の『シマの話』には、このころの沖縄本島でおこなわれた呪符や呪言を掲載する。この中には普天満神宮の木札に共通する「急々如律令」の文言を書いたものがある。そして、この呪符は家の門戸に張るように指示されている。このようなものを見ると、現代のフーフダが流行する以前にも、佐喜真が報告したようなことが広くおこなわれていたのだろう。

石切りの海岸——ビーチロックに残された遺跡——

沖縄の島々を形成した岩相は単純極まりない。多くはサンゴ礁を起源とする石灰岩からなっている。輝く太陽の下にまぶしく光る浜は、サンゴが死に絶えた粒でできた砂である。海岸にはビーチロックとよばれる岩がある。この岩は不思議なもので現在でも生き物のように生成し、成長しているのである。現にビーチロックの中にコーラビンの破片が入っているものも発見されたりしている。岩の主成分は炭酸カルシウムで海水中にたっぷり溶け込んだ物質である。どのようなメカニズムで岩となっていくのか未知の部分が多いといわれている。しかし、共通するのは波がさわさわとくる汀線にあり、岩の厚さはせいぜい二〇センチぐらいだろう。沖縄の汀ラインは、イノーの存在するところでは強い波頭のくることはなく、このような環境下で核となるものがあれば、炭酸カルシウムはその周りから凝固が始まるのだろう。

岩石としての特徴は、これまで測定されているところによれば、古くても四〇〇〇〜六〇〇〇年前のものがあり、縄文土器が含まれていたりした大変若い岩なのである。もちろん現在でも海岸線では自然の営みの中で成長を続けている。この岩はサンゴの生息域に一致し、奄美大島以南の海岸で見られるという。

さて、このビーチロックは手ごろな所に存在すること、それほど硬い岩ではないところから、沖縄本島読谷村や波照間島、粟国島（ここの石は凝灰岩）では、大規模に岩を採取して生活の資源として活用された。これが現在は石切り場跡として残っている。考古学的にはりっぱな産業遺跡、あるいは生産遺跡なのである。ただ沖縄県では遺跡として積極的な取り組みはなされていない。

波照間島の石切り場跡

波照間港の東方、サコダ浜にあるイナマ崎からパナバリウダキの間約三〇〇メートルが石切り場跡である。浜を上がると墓地が広がっていて、かつては墓の用材として切り出したという。写真70はビーチロックが波に洗われているが、海側に切り出した跡が続いていた。引き潮の大きい時期にでも採取したのだろう。手前の一段低くなった部分は、すでに切り出した跡でその前の石に、海に向かって石と直角方向のミゾが五枚分として刻まれていた。左右の幅は約一・三メートル、奥行き約二・五メートル、厚さは約三二

写真70　波照間島の海側の切り出し跡

センチである。このサイズで一枚の板として切り出したことが分かる。溝の幅は約二〇センチ、深さは約一七センチであった。この石切り場がいつのころから操業していたのか、島の人に聞いても明確な答えは聞けなかった。昔、墓の石積みなどに使用したことは聞いたという。

読谷村《よみたん》の石切り場跡

観察できたのは、主として残波岬のある宇座《うざ》集落の海岸から南に二キロメートルほどの範囲である。春先の海岸のビーチロックには、アーサが色も鮮やかに生え始めて観察するには少し遅かった。『読谷村史』によるとビーチロックを切り出していたのは、大正時代から昭和一九年ごろまでの期間であるという。波照間島の石材は主に墓地に利用されたのに対して、ここでは建築資材、石垣、畜舎、墓地など広範囲に及んだ。このため、石切りを専業とする組合組織まであった。

切り出す場所はイシアナ（石穴）と呼ばれ、海の潮が引き始めるとバンジョーガニ（番匠金）と呼ばれた曲尺をあてて、墨壺で規格に合った幅や長さに印をつけ、ユーチ（石切斧）で切り出したのである。このほか使用する道具は、イヤ（石に打ち込むクサビ）、シチ（穴を開ける道具）、チーシー（大ハンマー）、チンチョー（切り出した石を挟むはさみ）などがあった。
切り出された石材は村内だけの流通にとどまらず、那覇や宜野湾、具志川、北谷あたりからも注文があり、荷馬車で運搬したという。沖縄本島の西側には、読谷村から恩納村、名護にかけての海岸に点々と見られた。しかし、ここの石切り場は最も規模が大きく、一時期ではあったが産業として成り立っていたのである。

粟国《あぐに》島の石切り場跡

島の南西端は地質的には、白色の凝灰岩が厚く堆積した崖が露出し、その高さは九〇メートルといわれ景勝の地にもなっている。天気のよい日などは、岩の白さがまぶしいくらいであった。この凝灰岩のことを地元では、コーシチャーあるいはコーチャーと呼ばれた。崖の表面を手で触っても柔らかさがよくわかり、この島ではビーチロックにかわる石としてトゥージ（水槽）を作る材料とされた。

写真71　読谷村の石を切り出すイシアナ（石穴）

この石が取れるのはヤガシ（ヤヒジャ）海岸で、全長が六〇〇メートルもつづくが、写真72でも分かるように、切り出した跡にできた窪地がなく、真っ平な面がどこまでも続いていた。所々にはクサビ跡やテーブル状の切り出しを途中で止めたものなどが散見できる。また、崖面から落ちたと思われる転石もあった。写真左側の白く光る垂直の岩は、触っただけでも崩れ落ちそうなほど柔らかい。また、海岸線には確認できただけでも五か所に岩を幅一〇メートルほど開削した水路があった。ここでトゥージに加工され、船で集落の近くの港まで運ばれたのである。

凝灰岩の断崖は、上部では墓地として利用されている。崖面に対して横穴がいくつも掘られて、それがマンションのように階段状に群集していた。すべての墓は海の方向を眺めていることになり、終の棲家としては申し分のない立地であった。

写真72　コーシチャー（白い凝灰岩）が取れるヤガシ海岸

沖縄水事情

沖縄の台地は本島や宮古・八重山諸島を問わず、天から降った雨はスポンジに水が吸い込まれるように地中に流れてしまう。サンゴ礁が隆起した島々の暮らしは、水を得ること、水源を探すことからすべてが始まったといえる。各地の井戸には鳩や犬が探し出したことが伝承されている。一旦干ばつが長く続けばたちまち飲み水に事欠いてしまう。

カー（井戸）

地上に降った雨水は川を作らず、ほとんどが石灰岩台地に浸透していく。地下深くの不透水層まで達した水は、再び地上に湧水として出現する。この地点がカーであり、多くは海岸線の崖下や洞窟などの地下深くで発見された。真水は生活になくてはならないものであり、カーの発見をめぐっては悲喜こもごもの物語が伝承された。沖縄本島では本土の羽衣伝説に共通するような、井戸に天女が降りてきて水浴し、その間に飛び衣が男によって隠される話も伝わる。代表的な井戸は宜野湾市にある森の川である（沖縄伝承話資料センター 二〇一〇）。

昔、大謝名《おおじゃな》に奥間子《うくましー》という人がいた。この人が畑からの帰り森の川で手足を洗っていると、泉のそばの木に掛けられた着物を見つけた。奥間子は、「こんなりっぱな着物を着る人がここらあたりにいるはずがない」と不思議がり、家の宝にしようと持ち帰るために懐にしまいこんだ。泉の奥ではこの世の人とも思えない美しい女が水浴びをしていた。泉から上がって着物がなくなっているのを知ると、「どうしよう、私の着物がない」と恥ずかしさのあまりガタガタ震えながら座り込んだ。着物を隠したまま奥間子が、「あんたは何を探しているのか」と声を掛けた。女が「木の枝に下げておいた着物がなくなってしまい、帰ることができないで困っています」というと、奥間子は、「そういうことだったのか。それなら私の家はすぐそこだから、家に行って私の芭蕉着物《ばさーぢん》を貸してあげよう」と、森の川のすぐそばにある自分の家に連れていき、着物を貸してあげた。それが縁で夫婦となり、娘と息子をもうけて幸せに暮らしていた。

ある日、泣いている弟をあやそうと姉が、「お前な、あんまり泣くと蔵の中のきれいな着物を見せてやらないよ。ヘイヨーヘイヨー泣くなよ、泣くなよ」とあやしていた。女はこの歌を聞いて、「あそうだったのか、私の羽衣は蔵の中に隠されていたんだ」と知って、蔵の中の着物をつけて天に帰っていった。（下略）

森の川は宜野湾台地の崖下にあり、いつも豊かな水が樋口からほとばしり出ている。この中で語られた男の子は、後に中山国の察度王であると語られ、屋敷の周辺には石ころのように黄金のかたまりがごろごろしていたという伝承に結びつく。

写真73　宜野湾市の森の川

タンク

沖縄の風景に慣れてくると、家の屋根には必ずというほど水を貯蔵する円筒形のタンクに気づく。標準的な大きさで二トンの水を溜める能力があるというが、大家族であると何日間、このようなタンクの水で生活がまかなえるのか。屋根の上にステンレスのタンクが上がるまで、貯蔵する施設にいくつかの施設があった。

写真74は久高島の屋敷内にあった一時代前のセメント製

の、天水を溜めるタンクである。直径約一メートル、高さ約二メートルあり、本島から水道が送られるまで使われていた。この形の水溜めは本島や離島を問わず普及したタイプである。屋根からパイプで雨水を送る簡単なもので、内部はがらんどうになり水を濾過する砂利や墨などは敷かれていなかった。聞くところによると、水道水よりも甘い水でおいしかったという。

トゥージ

写真75は粟国島で普及した石製の貯水槽トゥージである。石切り場跡でトゥージが作られた現場のことは触れた。上江州均は一九八〇年の調査で一〇二個のトゥージを確認したが、もちろんそのころには使われなくなった。今回は半日足らずであったが一〇個以上見ることができた。

トゥージは各家庭に設置され、複数個がセットになっていたようで、四個あったということも聞けた。最大のものは浜集落のイリ組同志会会館前の空屋敷のトゥージである。ここは三個がセットになり、大のものは直径一・三五メートル、高さ八五センチである。中は直径九〇センチ、高さ七〇センチ、深さは四〇センチで、小のものは直径八〇センチ、高さ六〇センチ、

写真74　天水を溜めるセメント製のタンク（久高島）

深さ三五センチである。大きさの割には水を溜める深さはあまりない。凝灰岩であることから割れやすく、身に厚みをもたせて作られているのである。この屋敷にはイケとよばれる長楕円形で浅い作りのものも据えられていた。イケは一般的なものではなく、裕福な家庭に置かれたぜいたく品であったという。トゥージの製作に使った道具などは残っていなかった。

写真75　石製の貯水槽トゥージ（粟国島）

キミズ

昭和三三年の『日本民俗学大系』には沖縄県宮古島のこととして、写真76にあるような方法で壷に天水を受けるキミズを紹介した。同本の写真の背景には、茅葺屋根で網代壁の一時代前の民家があり、少し前まで生活用水が採取されていたのである。もちろん、壷にたまる天水には限りはあっただろうが、少しの水も無駄にしない方法だったのだろう。私の見たキミズは宮古島市砂川《うるか》のウイピャームトゥとよばれる祭祀場の建物にあった。祭祀場には三棟の建物が立ち並んで点在する。屋根は茅葺で軒先の低い拝所である。内部は土間になり中央には簡単な炉が切られていた。建物を支える柱は二本柱構造の特異なものであった。水を集める装置は建物の正面左側にあり、一本の木にオオタニワタリの葉を巻きつけ、葉の茎を壷の口に垂らしたものである。このような拝所に作られたキミズは、おそらく祭祀の時に使用される特別な水を採取したのだろう。それにしても、キミズに使われた素焼きの壷はどこから調達されたのだろう。再び訪れた時にはみえなかった。

沖縄の水事情にまつわって取水される装置をみた。今では使用されていないものばかりで、現在では海水を淡水化する装置を設置している島や、深井戸を掘っているところ、あるいは大きい島から海底パイプラインによって供給を受けている島など多様な方法で水事情は改善した。宮古島では地下ダムという工法で畑を潤すようになったが、豊富な水資源を安定的に確保するにはほど遠い。

写真76　壷に天水を受けるキミズ

アダンの荷車

アダンは沖縄の海岸地帯に育つタコノキ科の植物で、細い根が四方八方に伸びて海岸の柔らかい土に絡まるように繋っている。パイナップルのような実をつけるが、これを果物としては食べない。直径二〇センチほどの丸い実は五〇個ほどの小さな核果が集まったもので、表面は鎧のように硬くゴツゴツとしている。これが熟してくると、鮮やかなオレンジ色になり近寄るとほのかに甘い香りが漂う。多良間島で見たアダンは核果を落としている最中であった。先端が柔らかく口に含んでみたが、苦味はなく食べられなくはない。しかし匂いほどには甘いこともなく、虫や小鳥の絶好のえさになっていた。

　アダンの実はお盆のお供え物として、沖縄では欠かすことのできないひとつであった。南風原《はえばる》町山川では、一五日のウークイ（祖霊を送る日）にはお供えを下ろして門の入口に供え、来年またいらしてくださいと言いながら、アダンの実を転がしたという。なぜ転がすのかは説明されないが、津堅島の新屋功の説明は明快であった。つまり、ウークイは祖霊が後生に帰る日であり、アダンの実の荷車に、お供えの土産を満載して引いていくのだという。だから、二個の実を門前から転がすのだ。お盆が終わってもしばらくは放置されるが、遊び道具にはしなかったともいう。

写真77　アダンの実

　津堅島の近くの平安座《へんざ》島では、アダンの実と盆行事に興味ある事例のあることを知った。子どもの遊びとして、「部落はずれの橋を境界に、東西に分かれ石投合戦をする。たとえ、石をあてけがをさせても何の罪もなかった」という報告がある。これについて、島に在住している金武清吉に詳しい話をうかがった。ところが少し内容が違うのである。つまりこの遊びは、盆のウークイの終わった翌日の早朝におこなったという。しかも石ではなく、供えられたアダンの実のほぐしたものを投げあったというのだ。場所は集落を分ける小川である。川は残念ながら道路の下になっていた。いずれにせよ、アダンの実の石合戦は、盆行事の延長と考えられるのか。本島島尻地方の百名《ひゃくな》においても同様のことがあったようだ。

> 戦後一時期まで各地で見られたことであるが、お盆のウークイに仏壇のお下がりのアダンの実をぶつけ合う、モーミーオーラセーという子どもの遊びがあった。
>
> 昔、百名村には上パークナと下パークナと呼ばれる地域があり、このモーミーオーラセーで、ふとしたきっかけから両地域間の子どもたちの喧嘩となり、それに大人が割って入り、上パークナと下パークナに二分した大ムンドー（問答）となった。女・子供は小石を集め、男たちはそれを投げ合うという騒動となり、石集めも追いつかず、ついには家にあるカメまでたたき割って投げ合った。それがもとで双方は不仲となり村分れするはめになったという

村分れにまで発展したアダンの実の合戦である。この報告では戦後まで各地で見られたとあるところから、平安座島の石合戦は特異なものではなく、子どもの遊びとなる以前の、民俗的な意味のある儀礼が行なわれたことも予想される。アダンの実から盆行事の石合戦にまで展開したが、五来重は平安時代末に成立した『年中行事絵巻』のなかの印地打について、「正月の印地打は村境や川をへだてて、自分の村に悪霊が入らないように石積みや石投げをしたのが、もとのようである。明治のころまで町内のちがった子供の集団が出会えば石の投げ合いをしたという」と注目される民俗事例を紹介する。

つまり日本の古代末から明治にかけて印地打とよばれた石合戦は、村境あるいは川を挟んで行われたこ

と、意味するところは悪霊の進入を防ぐことにあったという。沖縄におけるアダンの実を用いることもあった石合戦ということに、ひとつの解釈を与えてくれそうである。それは盆行事が終わった段階で行われたことに注目する必要がある。

久高島の事例として、お盆の時期になると祖霊以外にもヒーマブイが村中を彷徨っているという。ヒーマブイはニラーハラーに行けなくて現世にさまよっている死後霊のことだ。この存在は人に祟り、病気や不孝の原因となる存在であると恐れられている。このため、盆開けの一六日にハリガユーハーと呼ばれるヒーマブイを村から追い払うことが行われる。この日は神女たちがノーサ（茅）を振って、「マキラン、マキラン、ヒーマブイに負けないぞ」という掛け声を上げて島中を駆け抜けた。

波照間島でも、イタシィキバラが一六日に行われた。この日は年寄りたちが杖で地面を打ちながら村を歩き、さまよっているマーザムヌを追い払うことになっていた。イタシィキバラは文字通り、板を打って村を浄化することであるという。ここでいわれるマーザムヌは、久高島のヒーマブイと同じ意味でヤーナムヌともいわれる。死後霊で祀る子孫や親戚がいないままさまよっている存在である。イタシィキバラは波照間島以外でも、八重山諸島では幾つかの村々で行われたが、それほど現世の村でさまよう霊に対しての恐れは強かったのである。

このような事例に接すると、盆行事のあくる日に行われた石合戦はヒーマブイなどの浮遊する、祟りを及ぼす死霊を村の中から追い払うという、本来の目的を持った行事であったと考えてもよいであろう。

貝の呪術

津堅島の集落を散策していると、屋敷の門のあたりは賑やかだ。正月のススキと松の飾り物が一年中見られるし、シャコ貝が口を開けて外を向き、あるいはスイジ貝がぶら下がっている。これらの光景はかつての沖縄の一般的な風景であったという。ことにシャコ貝にはよく出くわす。貝の口がぎざぎざに波打つところで外から来る魔物を食ってしまうと説明される。またスイジ貝も鋭い棘状の突起物が左右に伸びていることから、同じような効果を期待されたのだろう。

多和田真淳は、沖縄本島国頭村《くにがみ》の事例として、魔物や幽霊の出る屋敷の対処の方法に、シャコ貝とアザカという植物を用いたことを報告している（多和田 一九八〇）。

そこでは（国頭村安田《あだ》）魔除けにアザカを植える習慣が昔のまま残っていた。アザカを植える方法は、魔物や幽霊の出る屋敷の、門口の道路面に穴を掘って、シャコガイのあわせ口を天に向けて埋めるのである。埋める前にシャコガイの腹の中に、ダシチャクギという木片（大抵アデクの木片を使う）をあらかじめ入れておくのが普通である。

写真78　魔除けとして屋敷の基礎に埋めたシャコ貝

つまり、安田では屋敷の出入り口の道に、貝の口を上にして埋めたのである。まさに魔物の足を食らうのには万全の方法である。ダシチャクギとは、多和田によると堅い木の釘のことで、魔除けには十字に縛って使用された。

本島から遠くはなれた与那国島でも同様の習俗があり、池間栄三は、「病魔退散の祈祷をおこなう場合、門に〆縄を張り、その中央に、約二〇センチのダシカ、クデ（ダシカ木釘）二本を十字にしばったものを吊るし、悪魔よ、再びこの屋敷内に入って来た時は、ダシカグサン（杖）で打ちのめし、それでもきかない時には、このダシカクデで大地に打ち込み、身動き出来ないようにするぞ、という意味の呪文を唱える」という。このようにみると貝の呪術は広い地域にわたって普及していた。

多良間島では、お産の後の胎盤をシャコ貝に入れてかまどの後に埋めたという。これには、人間の起源に関連する興味深い伝承が伝わっている。前半は津波によって島で唯一、姉弟二人だけが生き残った。夫婦になって人間を増やそうとする後半の話を記す。

夫婦事を始めたら妊娠したので、どんな子が生まれるだろうと楽しみにしていると、生まれたのは蛙やトカゲやらがたくさん生まれて、すぐに畑に向かって逃げて行った。二回目を妊娠して生まれたのは、あっちこっちつぎはぎだらけの汚いボロ着物を生んだ。これは変わったものだと洗って片付けておいた。今度は姉弟が天に向かって手を合わせ、人間の子を産ませてくださいとお願いした。三回目には海にいる大きなシャコ貝が生まれた。四回目には芭蕉の糸と竹の割れたものを生んだ。その後、五回目にやっと女の子が生まれた。竹の割れたものでへその緒を切り、芭蕉の糸で切ったへその緒を縛った。この子が生まれた時の産後はシャコ貝に入れた。またこのボロ着はその子どもを水浴びさせて拭き、オシメに使った。

この伝承話では、お産に必要なものすべてが、姉のお産によってもたらされたことになっている。多良間島の民俗事象でも、新生児は八日目まではボロ着物が着せられ、また胎盤はシャコ貝に入れて処理された。胎盤といえども人間の一部であったわけで、これを特別な容器としてシャコ貝が選択された背景もあるように思える。

スイジ貝、クモ貝はどちらも貝から突起が長く延びた巻貝である。スイジ貝はこの突起が両側に六本あるのに対して、クモ貝の場合は片方に七本の突起である。方言名はともにイチマブヤーといいあまり厳密な区別はしなかったのだ。この貝は紐に結んで屋敷の隅などに下げられている。多和田は昭和初期まで、ものもらいに患うと豚便所の軒下に自分でシャコ貝を吊るして、無言のままあとも見ずに帰ってきたという。屋敷の中では豚小屋の神が最も力強いといわれた。

それにしても、これだけ各種の魔除けの呪具に囲まれた沖縄の家という存在は何であるのか。

家を焼く

沖縄の民俗事例をみていると、年中行事や儀礼の中で象徴的に家を焼くということがあったようだ。伝承話の世界でもこのことが語られ、家を焼くということはいったいその背景に何があるのか。家焼きに関する最も古い記録は、『朝鮮王朝実録』の世祖八年（一四六二）である。これは当時の朝鮮国から琉球国に派遣された使者が、当時の琉球の国情や民俗・風俗などを仔細に観察した記録である。その中に家を焼くという記載がある。

祀神《ししん》の礼を問う。答えて曰「国に神堂《しんどう》有り。人之を畏《おそ》れ、近づきて之を視るを得ず。若し嫌人《けんじん》有らば、則ち巫《ふ》に憑り、人、神に祝《いの》る」。巫、神語《しんご》を伝えて曰「当《まさ》に其の家を焚《や》くべし」。即ち神火を起こす。只だ其の家を焚くこと暫《しば》し、隣家に延焼せず（下略）

これによって、神を祀る建物があってそこには巫―シャーマンのような人がいたようだ。沖縄ではもっぱら女性が神女を勤めたが、この神女によって、神の祟りを受けた家が焼かれるという事態が発生したようである。原因については触れていない。しかし、神の言葉、あるいは命令によって家が焼かれたので、隣の家は延焼しなかったという。

もちろん、現代の沖縄民俗では、実際に家を焼くという報告はみいだせない。ところが、かつて家を焼いたのではないかということをうかがわせる事例には接することができる。このひとつが津堅島の葬式のときのものである。

ヤーザレー（家浚えと表記される）の項目に、葬式がすんだ夜におこなう儀礼で、墓からの帰りには、マブイ（魔物）が家までついてきているのを追い払うというのである。これにはブイムチャーという、ウーウーと唸りをあげる道具を振り回し、拍子木を叩いてホーホーという大声を張り上げながら、葬式が通った道を集落の外れまで走ったという。ヤーザレーが済んで家に帰ると、茅葺屋根の軒の端から一つまみの茅を抜き取り、これに火をつけて燃やしたという。本島北部の本部町瀬底島にもよく似た葬式の儀礼があった。葬式が終わった夜、マブイウーイの後に、葬列が通った道をさかのぼったアジマー（十字路または三叉路）において、棺を作ったときの木屑と、喪家の屋根の四隅から取った茅を一緒に燃やしたという。柳田国男は大正九年から一〇年にかけて沖縄を旅行したが、久高島での記録に「死人を大に忌み、死すれば家をすつ。埋葬なし。棺を外におき、親族知己集飲す」とある。久高では家を放棄したというのである。

葬式以外の事例としては、家が火災にあったときに、改めて仮の家を作って焼いたということが本島宜野座村の各字で伝承されている。このうち字松田の事例をあげる（宜野座村史編集委員会 一九八九）。

ムラ内で火事があったときには、ヒーダマゲーシの儀礼を行った。火事から三日後に近くの石敢当の傍らに小さな茅葺小屋を作った。夜中の三時ごろ、ニーセーター（青年たち）はカネ、太鼓を打ち、ハイ、ホーハイと叫びながら、火事のあった家から道に出て、ヒーダマ（火魂）を小屋のところまで追っていった。そこで小屋に火を放った。完全に消火してから全員石敢当の向かう方向に手を合わせ、ヒーゲーシの拝みをした。

ヒーダマゲーシ、あるいはヒーゲーシとは、火玉あるいは火魂を天に返すことをいう。宜野座村の場合は通有の石敢当ではなく、石獅子といわれるもので村の境に置かれて、村に侵入する病魔などを防ぐのである。この地点において仮の茅葺小屋を作って焼くのがヒーダマゲーシである。この行為の内には、家が火災にあうのは、ヒーダマ（火の玉であろう）が火事の原因となること。そして火事のあとも、被災した家にヒーダマが付着していると考えたのである。ヒーダマは天から来たので、それを再び帰すために仮の小屋が燃やされた。このことをヒーゲーシ（火の玉返し）と呼んだ。おそらく、このまま火の玉を放置していては、別の家を焼かれてしまうと考えたのだ。なんとも手の込んだ儀礼である。

恩納村では、年中行事として火返しの行事が一〇月一日に行われた。前兼久では、かつては祈願の後、各戸一人参集し、火の主といってその日が丑に当たっていた場合は、丑年後に生まれた人の中から相を当てて選定し、その人が各家からカヤを抜き取り集め、浜に小屋をつくりそれに火をつけて、消火活動の真似ごとをしたという。

写真79　ヒーダマゲーシ（石獅子の頭は外を向く）

この背景には、家の中、特に台所はいつも清潔に保っておかなければ、ヒーダマが取り付いて火事に会うという伝承が広くおこなわれた。伊良部島で聞かれた伝承話である（稲田・小澤 一九八三）。

天の神様の使いが家を焼きにくるが、嫁がかまどのあたりをきれいにしており、水瓶に水もはってあるので、焼くことができない。使いの神様は、何度来ても焼けないので、その家の人を起こして、「家の四つの隅から茅を取って、庭で燃やし、大声で火事だと言いなさい」という。家の人が言われたとおりすると、使いの神様はそ

の煙で天に昇り、「家を焼いてきた」と報告する。それで新しい家を建てると、家の隅からちりを集
めて庭先で燃やす。

このように、家を焼くという行為のなかには、①死人が出て家そのものに魔物かなにかいやなものが付着した場合。②家が火災にあった場合などがあった。いずれも家そのものが日常性から、非日常の世界に転換してしまった状態になり、ここに付けこむヒーマブイやヒーダマが発生して、村も危険な状態におかれた。これから一日も早く正常性をとり戻すこと。あるいは、他の家に対して類焼あるいは被災を免れることが、家を焼くという行為の眼目であったことは間違いないだろう。

このことは、とりもなおさず集落あるいは家の日常性とはどのような状態にあることがよいのか隠喩的に示されている。それは常に清潔に保たれた空間、あるいは清浄性である。この状態を破ることが、死人の発生であったり、家の火災であったりしたのだ。

家を通る神、畑の神

家を通る神

垣花昇一は、多良間村には屋敷の中に神様が通る道があり、そこの家では神道に邪魔をする塀の一部を空けていると話してくれた。神様の道と屋敷を囲う塀との関係性ということになるのか。後になって久米島や波照間島でもこのような事例にであったが、ここで遭遇するとは予想外であった。ひとつの家に案内を乞い観察を試みた。A家とするが、この家は屋敷内に神様を祀るほこらはない。畑を一枚はさんだ向か

い側にそのほこらはあった。沖縄でよく見るようなコンクリート製の小さな家形である。これが直接、道路を向いていれば、何ら問題は起こらなかったのであろうが、たまたまA家を向いていたために神様の出る道を塞いだことになり、コンクリート塀の二か所を壊して出入口として開けられていた。つまりこれが神道ということになる。

翌日B家を見学した。ここでは屋敷内の北東隅を樹木で囲う一画があり、ほこらが祀られていた。家人に聞くと、この神様はB家の祖先などではなく、浜に漂着した人を気の毒に思った祖先がここに祀ったとのことである。ほこらから塀に沿ってフクギが植えられた神道が道路まで延びて、ここでも塀の一部が開けられていた。

六つの門を持つ家

波照間島では名石集落のC家が古い家のひとつである。冨嘉《ふか》集落と前《まえ》集落を結ぶ東西の幹線道路沿いに、屋敷を構え門は南に開口している。この門とは別に、東側の道路に沿った石塀に開口する門がある。C・アウエハントは注連縄の張られた写真を掲載するが、ここは祭りのときにだけ張られて、神道が通過していることを示すという。家人に確認しても日常の出入りで使用することはないという。さらにC家と西側の二軒の屋敷は石塀を挟んで隣り合って屋敷を構えているが、この東門と直線で結ばれるところにあるブイシワー（ウタキ）までは、その一部がそれぞれ幅一メートルほど開けられているのである。ブイシワーから神道はさらに村はずれにある聖なる井戸に繋がっているのであるが、ワーから井戸までは既存の道に沿っているため、家の塀を開口させている所はない。神道の起点となったC家は拝所ではなく、東方向にも神道が続いたと思われる。

さらに驚くべきことに、冨嘉《ふか》集落のD家には六つの門が開口していることを確認した。これまでの最高の数である。すべてが門としての機能があるのではなく、石塀の一部が壊されて開いていた。D家の人に聞くと、日常的に使用する門は一か所だけで、ほかの門は神様専用である。

屋敷内を案内してもらったがまず南正面にふたつの門がある。屋敷に向かって左側（西）は日常的に使用する門であり、右側（東）は神が使用する門であるという。祭りが行われるときには神司（ツカサ）が出入りする。さらに東側に面した石塀の東南隅、東北隅に近いところと、北側の塀などが開口していた。そして、屋敷内には東側の石塀に沿って幅一メートルほどの神道が設けられ、このほかにD家とその北にあるE家とを結ぶ神道が畑のあぜに沿って通っていた。E家にはアースクワーとよばれるウタキが存在するのである。しかし、D家のほ

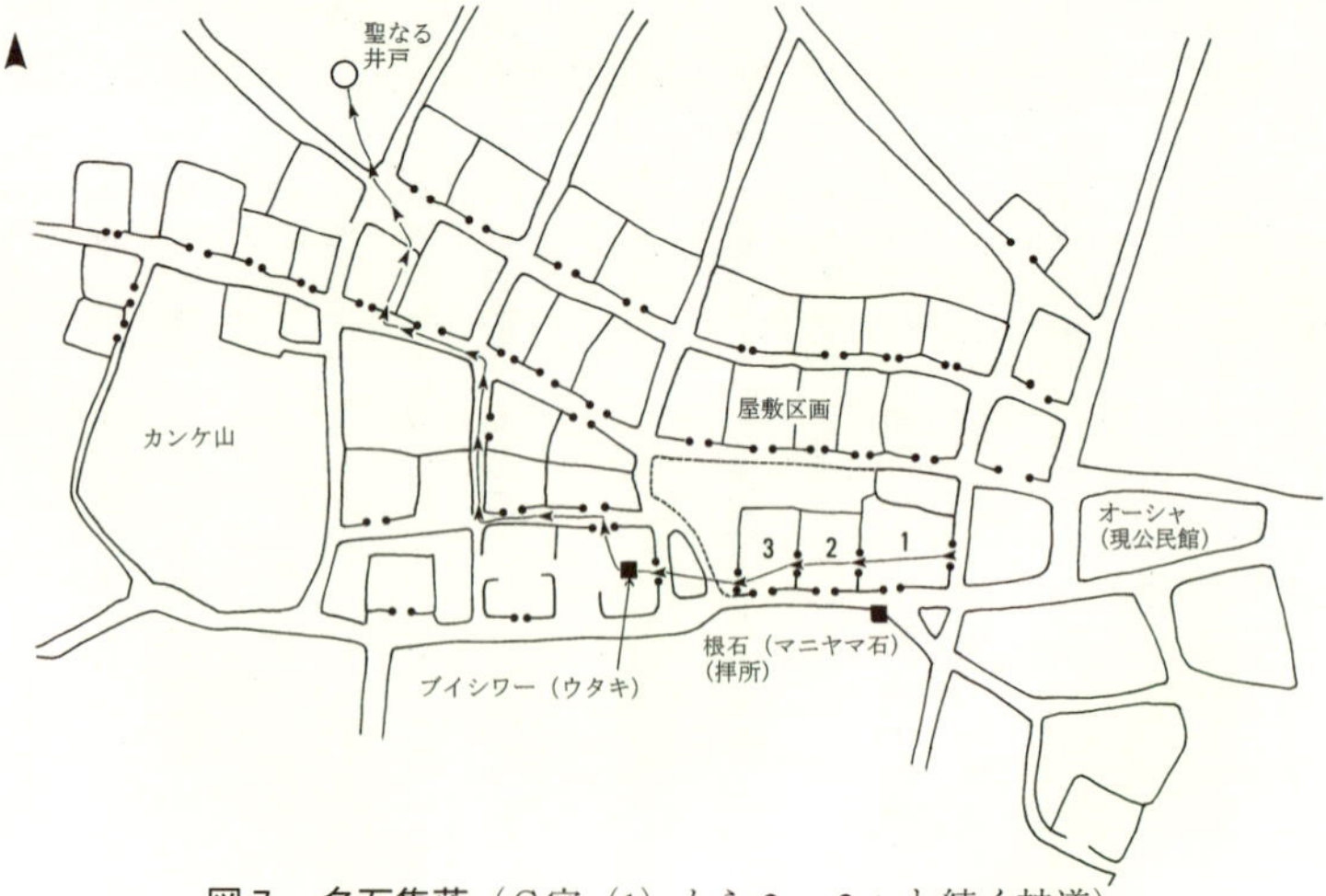

図7　名石集落（C家（1）から2→3へと続く神道）

うにはウタキはなく、神の門を通じてウタキの遥拝をおこなうのである。

神の使用する道が屋敷内を通過するとき、わざわざその一部を開けて道を通過させた。あるいは、その先にあるウタキを祀るために塀を開けたということである。ここには神とともに生活がある日常というものに思い至った。

写真80　ブイシワーに繋がる隣家との開口部

写真81　南正面にふたつの門があるD家（右が神の門）

畑の神

これを始めて目撃したのは、多良間島の普天間港からの帰り道である。植えられたばかりのサトウキビ畑を見ると、畑の真中に枯れたススキのようなものが立てられていた。近寄ってみると三本のキビの茎を束ねて、葉のほうは丸く輪を作るように結ばれたものである。近くにいた男性に聞くと、植え付けのときに害虫を防いでよく実るように祈って挿すのだという。多良間島ではミータマブーという。その気になって植えつけられたばかりの畑を見るといくつか残っていた。

パルマッツーの行事は、旧暦の五、六月ごろ畑の神様に収穫を感謝する行事である。このときは畑の真中でミス（神酒）とプンジュウ（青菜の和え物）、ダーグ（だんご）を供えて神に感謝した。帰り際には各品をつまみとって畑に置いてきたという。この行事はかつて畑ごとに回っておこなわれたという。また、九月のマッツーには竜宮の神が各々畑をまわって種蒔きをするといわれ、前日の午後から畑仕事を休んだという。このようにみると、畑に挿されたミータマブーは、神の依代であり畑にやって来て豊かな稔りをくれることが期待されたのである。

写真82　畑の神・ミータマブー

ススキの葉を魔除けに使うことは沖縄では広くおこなわれている。名称はサン、ゲーンなどあり様々な使われ方で家の門やその四隅、屋根の軒端などに挿したりする。また、ユニークなのは、食べものを戸外に運ぶときにも上に置いたりする。山で材木を切り出したとき、その木のうえにススキを置いて自己の所有物であることを示すときも使われたという。ススキをめぐる民俗は奥深いものがある。

魚垣と養殖

魚垣《ながき》は遠浅の海に設置された高さ五〇センチほどの石積みの施設のことで、一般的にはナガキで呼ばれる。遠浅の海岸に作られ、満潮になると魚垣を越してくる魚をその中に閉じ込めて、干潮になると魚だけが残るという潮の干満を利用した魚取りが行われた。伊良部島ではカツとよばれるが、宮古本島ではカキス、石垣島ではナガキ、小浜島ではスマンダと呼ばれた。このように各地で呼び方が異なるのは、地域特有の漁法として広く行われたことに由来するのだろう。

カツはただ人頭大の石を積み上げているだけで、台風などが来襲すれば簡単に破壊されるため、維持するのに手間隙が必要であった。このため完全な姿で残っているのは、下地島の佐和田浜に設置されたものでカタバルイナウのものを見ることができる。干満が一年の打ちで最も大きくなる季節にそのカツを訪ねた。カタバルイナウは、大潮どきにあたり一キロメートルほど沖に波が見えるまで広がっていた。浜の中には巨大な転石が所狭しと転がっている風景もすばらしい。一説には明和八年の地震によって引き起こされた大津波が、陸地にあった岩を引き込んで浜に撒き散らしたものらしい。

カツは浜から沖に向けて逆Y字形に伸びて左側は三〇〇メートルもあるという。その先端はつぼまった袋状の形である。引き潮になると逃げ遅れた魚はここに追い詰められることになる。なんとシンプルな原始的な漁である。今見ることができるカツは一九五〇年代に整備されたと説明されている。カツの中を歩いて魚を取っている人を見かけることができた。漁の様子を聞くと、現在はこれを使うことはないが、タコや蟹などは干潮時に取れるという。中を歩いてみた。石垣そのものの高さは五〇センチもなく堅牢な作りでもない。新垣源勇は沖縄本島地方の魚垣についての調査している。新垣によると魚を誘い込む入口ンズと、逃げるのを遮断するハーザ、入ってきた魚のこもるクムイの三つの施設からなるという。

かつて魚垣は集落の有力者やノロなどが所有していた。また、琉球王府は沖縄本島や久米島に貝を養殖する施設を持っていたという。沖縄本島南部の奥武《おう》島に残る話（遠藤編 二〇〇二）。

今の漁港がある所は東門といって、中の出入り口は仲門、西門という西の出入り口もある。漁師は西門、東門どこからでもこの辺りに船を止める。その裏にはニービ、オオガマーといって、これは漁師たちの船溜りだった。

奥武から年貢として首里王府に納めるのは、アジャケー（シャコ貝）だった。だから、向こうから

写真83　佐和田浜のカタバルイナウと魚垣（下地島）

（王府）「いついつアジャケーを納めるように」といってきたときには、いつでも持っていけるように、そこに養殖していた。アジャケー石があるのは水深が六、七メートルある西門で、貝が一メートルぐらいに大きく成長するのに一〇〇年以上かかる。

奥武島から首里までは現在であれば一時間程度の距離である。王府の不意の要望に応えるためにこのような施設が用意されていたのである。

東シナ海の久米島でも夜光貝などを養殖していた。仲原善秀は、「子どものころまでは、ムラ近くの塵捨て場や藪の中に多かった。そのおびただしいほどの屋久貝の口の近くには、例外なく径一センチほどの丸い穴が開けられていた」といい、貝殻にひもを通して遊んだという。そして穴あき貝のことをンナヂカネー（貝養い）といって、儀間集落の海に養殖するクムイ（池のこと）やマカンヂグムイなどでは、夜光貝の甲に穴を開けて山葛で結び、海中に吊るして飼っていた。現在でも那覇から久米島まで船便では四時間を要する離島である。王府への進上物として殻付きの生きたままのものや、実を抜き塩漬けや糟漬けの加工品として運ばれたのである。

夜光貝やシャコ貝は外海に面した海底に棲息する。しかも漁期はンナヒリーズー（貝拾い汐）といわれる、三～四月の波の穏やかなころである。王府からの急な要望に応えるべく、もっとも高級な食材の貝の蓄養をおこなっていた。現在のホタテやカキの養殖を髣髴とさせる。沖縄の海は豊である。ことにサンゴ礁で囲まれた内側―イノーと表現される―は干潮になると、佐和田浜のようにどこまでも歩いて漁ができたのである。石垣島白保では海の畑という表現があるぐらい日常的に利用された海であった（目崎　二〇〇一)。

イノーはね、戦争中ばかりか、お金がなくて何も食べるものがなくて困ったとき、いつでも助けてくれた。海藻でも貝でもタコでも、何か晩のおかずになるものがあった。そして、イモでも野菜でも、田畑の物は植えてから食べられるまで世話する時間がかかるでしょ。それに比べれば、イノーはいつでも何でも恵んでくれる海の畑や天然の冷蔵庫だし、海の神様がくれた貯金箱さ。ご先祖さんから預かった大切な宝物よ。

それに、浜に打ち上げられたサンゴも煮込むと、お汁の出汁にも使えたのでね、よく怠け者たちには、浜のサンゴのクズより役立たないよと言ったもんだわ。

目崎茂和が白保のオバアから聴取した話である。魚垣もイノーの中に設置された漁の仕掛けであるが、魚垣では大形魚は期待されないだろうが、手軽な漁のひとつだったのだろう。

第五章　島に生きる―沖縄の生死観―

もの言う牛

牛がものを言ったというのはどういうことなのか。沖縄で独自に伝えられた語りであるという。小さいころは母親などに、ご飯を食べてすぐにゴロンと横になったら牛になるとか、墓参りに行ったときなどに転ぶと牛になると注意された記憶がある。

もの言う牛は二〇話ほどが知られているが、本島中部の読谷村で吉田親太郎の伝えた話は、もっとも完全な形を伝えているといわれている。長い話なので後半だけを記すが、話の前半を要約する。山原に住んでいた男は首里あたりに奉公に出ていたが、大晦日に里に帰ることになったとき、主人から「ウシマチガラクイ」と呪文のような話を聞かされた。そして、山原に帰る途中に牛が綱に絡まっているところに出くわした。これが「ウシマチガラクイ」のことかと思っていると、この牛が男に水を飲ませて欲しいと言ったのである。不思議に思いながらも、水を飲ませてやったことで牛はそのお礼の意味があったのか、恩納《おんな》村の金持ち二人と勝負して男に勝たせたのである。そして、ようやくもの言う牛の正体が明らかにされる（読谷村教育委員会　一九八〇）。

わたしはあんたの祖先だが、祖先は死んでしまうと後生極楽して天に昇る。その後、また露となって自分の野菜畑に降りてくる。その野菜は露の力を借りて繁っていく。それから子、孫はその野菜を食べて野菜に籠っている雨露の精力で子、孫が栄えるんだ。

わたしは貧乏だったので畑が小さく、片隅に野菜を作ったから野菜の上に落ちてくるつもりが、あぜの草の上に落ちてしまった。その草は刈り取られて家畜に食われて動物になった。本当から言えば、私も人間に生まれるはずであった」と言った。そして続けて「あんたは昨日、賭けに勝ったからこれで立身するはずだから、何月何日に私をアジマーに出して殺してくれ。そして、道行く人みんなに汁と肉を一杯ずつ食べさせて、ご馳走しました、山田のカンカーと言わせてくれ」と頼んだ。

男はどうして祖先であるあなたを殺すことができようと言うと、牛は「私のような動物は刃物で殺さなければ極楽じゃない。アジマーに出して殺して、その肉を食べさせて喜ばせて欲しい。そうすると、私の厄は晴れてあんたの子どもに生まれ変われる。あんたは、自分の子どもを産むと思って殺してくれ」という。

男は自分には妻もいないのにどうして子供が産めるのかというと、「それは巡りあわせというものがある。いつ何時女がやって来て子どもができるか分からない。自分の子どもか迷ったら、左の肩先に牛の角の形が入っているはずだから、それで私だと思いなさい」と言った。そうして、男はこの牛の願いどおりに牛をアジマーで殺して、通る人々に肉と汁を食べさせてあげた。(以下略)

この話はいくつもの沖縄民俗の起源譚が重複しているが、なによりも死後世界観を具体的に描いているのがすばらしい。死んだ祖父母の魂は、天に昇ったあと何年か後には、雨に溶け込み自分の家の畑に降ってくるというのである。魂の溶け込だ雨は野菜を大きくし、子や孫が食べることで懐かしい我が家に再び生まれるのだという。ところが、牛に生まれ変わってしまったのは、貧乏で畑が小さかったために自分の魂の溶け込んだ雨は、野菜に降らずにあぜの草に落ちて、それを牛が食べてしまったので、牛に生まれ変わったのだ。だから、人間に再び生まれ変わるためには、交差点（アジマー）で牛を殺して、その肉を道行く人に食べさせれば人間に再成する望みがかなうという。

これが、もの言う牛の主張であったし、ここには人間の肉体は滅びても魂は生きていて、再びこの世に生まれ変わるという世界観である。しかし、必ず人間に再生するかというと、どうもそうではないらしい。

本島北部の東村有銘《ありめ》でよく似た話が伝えられていた（琉球大学民俗研究クラブ　一九六二）。

三三年忌を終えたその霊は神になり天に登るとされているが、その後次第次第にチユ（露）となり、下界に下りるという。イチミ（この世）の時に親孝行、人助けなど善行をした者は、露となった時、畑の野菜に下り、出来た作物と共に人間の腹に入って、再び人間に生まれ変わると言われ、イチミに悪いことばかりした者は、露となっても野原野山の草にしかかからず、山羊や牛に食べられてしまうだけで、生まれ変われないという。

有銘では人間に生まれ変わるのに条件があったのだ。つまり生前に善行や親孝行の人が生まれ変わり、悪い人生を送ると生まれ変わることはないのである。このことを、吉田親太郎の「もの言う牛」に戻してみると、牛になってしまったのは、何か生前の行いが絡んでいる可能性があるのではないかという疑念がわいてくる。

また、ここからは良い死と悪い死ということがいわれ、それはあくまでも、シマで暮らすことあるいは家庭生活での規範が、死後世界を別けるベースになっていたことも教えるのである。

もの言う牛で語られた再生観は、沖縄独特の世界観であり本土では事例はないといわれるが、インドネシアのボルネオ島に住むガジュ・ダヤク族の他界観が驚くほどよく似ている（大林 一九七七）。

霊魂は他界においてすばらしい生活を送る。つまりあらゆる享楽が利用できる。霊魂はあらゆる権利を持っているが、残念ながらダヤク族は永久性というものを知らない。霊魂は現在における七倍もの期間、他界に留まるにせよ、それは最後には一度、この霊魂の国から地上へ戻らなくてはならない。霊魂は他界において死に、地上に再び現れる。そこでは霊魂は一本の茸、一個の果実、一枚の葉、一本の草、花等々の中に入る。もしも人間がこの葉、この草などを食べると、それによって、父や母になる力がこの人間の中に入り、まもなく子どもが授かるのである。この子どもは霊魂をもっているが、それは死後、草や花の中で他界において再生したものなのである。

霊魂にとっていつもこんなにうまくいくわけではない。つまりときには一匹の動物がこの霊魂に満ちた草を食べることもあり、そうするとこの霊魂がその動物中に移行することはいうまでもない。運良く人間がこの動物を食べれば、この霊魂は再び人間の身体の中に入り、しばらくたてばその子どもとして現れるから、めでたしめでたしとなる。けれどもこの動物が人間に食べられずに死んでしまったり、この草が動物や人間に食べられることなく、かび腐ってしまうと、この霊魂は再生することはできずに、滅んでしまい永久に失われてしまう。

少し長くなってしまったが、沖縄の死についての捉えかたは、循環して再生するプロセスと捉えたが、全く同じ構造がインドネシアの地でも語られたのだ。

死後カミになって魂が昇天するのも、そこは雲の湧き出る天空であって地上から見える世界であり、そこから魂は再び雨に溶け込んで、子や孫が食べる野菜に降り注ぐと観念した。ダヤク族においても果実や草木の中に入って、それを人間が食べることによってこの世に再生すると観念したのである。「もの言う牛」で示された死後の観念は、具体的であり何ら疑念を抱かせる余地のない、血のつながった祖父母の死のことをいうのである。このような死後世界観は、南の広大な世界に広がっていた。

良い死・悪い死

「もの言う牛」で語られた死後世界観は、死には良い死と悪い死の区別のあったことが示されたようだ。悪い死に方をすれば再び我が家に再生することはなく、動物になって酷使され、最後にはやつれ果てて捨てられてしまうと語ったのである。こんな死後世界は想像するだけで恐ろしい。

比嘉康雄は久高島の死後世界観について詳しく記している。ここでは生の良否が問われるのは、どのような死を迎えるかであって、良い死とはニラーハラーへ行くことができて、子孫を守護する霊となれる死であり、この時に生が完結するのだという。良い死を迎えるには、村の価値基準に従って他人に迷惑をかけないで生きたか。死後において供養してくれる子孫を残し、死ぬときは自宅で子どもや孫たちに囲まれて、病気もせずに自然死することであるとする。

これに対して、悪い死とは海での遭難、長患い、若死、村や他人に迷惑をかけた者の死、不自然死、事故死あるいは神事を怠った者、浮気者などの死が列挙されている。島外で亡くなったときも悪い死に分類されたのである。現代生活で果たして良い死に適合した人がいるのかという、最後の厳しい関門が待ち受けるのである。

久高島では人間として誕生すると、肉体にはマブイ、ミプシ、シジという三種類の魂が宿ると考えられた。そして死を迎えるとマブイは肉体から離れてヒーマブイになり、ミプシは消滅する。シジは女性に特有の魂で、孫を通じてこの世に再び現れて、子孫を守護すると考えられた。ヒーマブイは悪い死を迎えた場合、ニラーハラーに行くことができず、この世に浮遊する恐ろしい存在―ヤナガレ―になると考えられた。最近まで、島外で亡くなった人は徳仁港からの上陸は許されなかった。この港は久高島の始祖となった夫婦が上陸したという聖地である。このため、西側のクンディ浜に船をつけて、洞窟に三日間安置した。その間、遺族も浜辺で刳り舟の帆を使った仮小屋で過ごした。そして村の我が家には入ることはできず、そのまま墓地まで運んだという。ここには村人の参加した葬儀は行われなかったのだ。

このような死後世界観は宮古諸島でも報告されている。池間島の前泊徳正は島の民俗を自ら調査し、また貴重な証言も残した人である。前泊によると正常な死は、家の中で老いて死んでいくことである。怪我や病気による死者や水死人、他村で死を迎えた死人は、キガズンと呼ばれて忌み嫌われたという。このような場合、墓に入れずに入り江の洞窟に置いたのである。この理由は「当たり前の死に方をしなかったから、墓にいる祖先が嫌う」というのである。また異常な死の背後には、異常な力が働いたとも考えられた。異状な力とはヤナムンやマジュモノ（魔物、悪霊）などであり、これは罪や恨みを抱いて死んだものの魂であるという。ヤナムンやマジュモノの正体は、結局は異常死した人間であった。

大神島では一九六〇年ごろまで、このような異常死した人は島の西の浜に埋められ、あるいはキガズン墓とよばれる洞窟に納めたという。もちろんここでも懐かしい家には入ることはできなかった。大神島のことを報告したのは、宮古島の祥雲寺の住職である岡本恵昭である。岡本によると、病院も魔物のいるブソウズの場所であると観念されたという。

シマ人の恐れるヤナムンが最も活躍する時期は、集落に死者が出た時と盆の期間である。比嘉の表現を借りれば、集落が墓地に向かって開放される最も危険に満ちた時期なのである。死者が発生した時、喪家だけでなく集落全体が村を閉じるという行為に出た。久高島ではオーチプクチの状態であるとされ、門口には注連縄が張られたが、西表島祖内では家に網が張られたのである。他の家でも門口には竿や箒をX字にしたり横たえて閉鎖の目印としたのである。

葬儀が終わってからの二～三日の間に喪家で行われた、ムンウーイ（魔物追い）あるいはヤーザレー（家浚え）と呼ばれた儀礼は厳重なものであったが、本島北谷町のムンウーイ（魔物追い）を取り上げると、夜間に行われたもので、ガン（棺を運ぶ乗り物）を担いだ青年たちが、塩水、小石、板切れを鳴らしたり、喪家に小石を投げつけて、「アネアネクネクネ、ミーハンチクジリヨー」といって、集落の境までヤナムンを追ったのである。津堅島などでは板を打ち鳴らす音などを聞くと恐ろしかったという。

本島南風原町の四九日のナーバレー（庭の祓い）もユニークである。喜屋武《きやん》では「グソーからきた霊に上げるといって、庭に供物を入れた膳を五つ並べ、屋敷の外に向かって拝みをした。外側には二膳、内に三膳を置いて外に置いた膳から供物を取り分けて、グソーからきたウーイムン（魔物）に投げ与え、残りは子どもたちに食べさせた。子どもたちが食べ残しても絶対に家の中に入れることはせず、アマダイ（雨だれ）の下に一晩置いてから豚の餌にした」という。ここで行われた儀礼をみると、門の外にある二膳の供物はヤナムン用であり、子どもも食べたが、食べ残しは家には入れずに軒下に置かれたという。ここには子どもの属している世界、あるいは屋敷の軒下は特別な世界であるという観念であり、アマダイはグソーに通じる空間であった。

不幸にして魔物になった祖先の魂は二度と救われる道はないのだろうか。葬式も受けることができずに、捨て墓に埋葬された人など悪い死に方をした人は、かつては洗骨の機会に墓が開かれて、これ以降には祖先としての供養を受けることになった。ところが、海で亡くなるとことは面倒であった。海は竜宮神の支配する世界であり、この神に対する許しを請わなければならなかった。C・アウエハントは波照間島の竜宮神の鎮めの儀式を観察した。ドゥングマティ（竜宮祭り）と呼ばれ、浜で山羊を屠殺したあと、頭、足、尾、内臓と肉などは、供物として石に縛りつけて船に載せられ特定の海に投げられたという。このような犠牲獣を捧げることによって竜宮神は鎮まり、海で亡くなった死者の魂も慰められたのである。「もの言う牛」で語られたのも、牛を道に出して殺し、その肉を道行く人々に食べてもらうことにより、再び人間として生まれ変われるとして救済の道は準備されていた。

島に生きる—沖縄の生死観—

沖縄にしばらく暮らしていると、本島でさえ那覇から北端の辺戸岬までは三時間あまりで行ける。まして、小さい島に滞在すれば二、三日で細部にいたるまで見尽くしてしまう。そして、海に取り囲まれた絶対的な閉鎖空間に身を包み込まれることになる。それでも私は旅行者として島を立ち去ることができる存在である。しかし、島に生きて暮らすシマ人にとっては、島が唯一の愛すべき生活空間でもある。

このような空間に身を置くと、シマで暮らす、あるいはシマで生きるとはどういうことであるのかということが頭をよぎることになる。もちろんシマ人がいつも哲学問答を繰り返しているわけではないだろうが、自省する時間はゆっくり流れていることも確かだろう。島を何度となく訪れ、民俗にも触れることができた。このような中で、島とはシマ人にとってはどのような空間であると認識したのか。どこに向かおうとしているのか。沖縄では島はハナレであり、それは自然空間としての島のことである。シマとは日々の生活を営む集落を指すことばで、明確に区別されている。多良間島のように周囲をポーグが巡っている内側がシマに該当する。

シマは清浄な空間

集落に死者が発生した時や盆が終わったなら、シマ内にたむろしている魔物を外に追い払う儀礼が盛んに行われた。ヤーザレ（家浚え）とはよく言ったもので、死者儀礼が終わった二、三日後には、家畜や種物、水、土までが交換された。かつては家屋が焼かれたり、放棄されたりしたという。これらは、ヤナムン、シニマブイとよばれた魔物が付着したものとして忌避するための、そして清浄な状態に戻す行為に他ならなかったが、ヤナムンとは異なった存在として、火玉も恐ろしいものであった(稲田・小澤 一九八三)。

火玉が神様の命令で女に姿を変えて火をつけに降りてくるが、目当ての家は掃除が行き届き、水瓶や桶には水が入れてあって火をつけるすきがない。火玉は天に帰ることができずに泣いていると、近所の婆が訳を聞き、「私が仮小屋を作ってあげるから、それに火をつけて、その煙で帰れ」という。火玉は喜んで婆の家の名前を聞き、「神様の言いつけで火をつけに来るときは、前もって夜鳥になって鳴いて知らせるから、臼を杵で叩いてお宅の在りかを知らせよ。そこだけは火事にならないようにするから」といって、仮小屋を焼く煙に乗って帰った。婆は村の人たちにその話を伝え、暗夜に夜鳥が鳴くと村中の家で、婆の名前を三度言って臼を叩き鳴らして火玉を追い払う。

火玉に対処する行事は、奄美大島から八重山諸島まで含む広い範囲で行われた。奄美では夜鳥の代わりに、スィチドリという赤い大きな鳥であったといい、この鳥を見かけたら村の家々では、屋根の四隅からカヤを抜いて浜で仮小屋を作った。家では人々が屋外に出て家のあちこちを叩きまわり、「火玉どし、火玉どし」と大声で叫びながら火玉を追い出して、浜にある小屋まで追いそこに火をつけて火玉を天に返したという。

ここで語られた話の核心は、火を使用する台所周りを日常から清浄にしておくことである。これを怠ると火玉がやって来て家を焼くというのである。実際、瓦屋根が普及するまでは、集落の家は茅葺屋根であり、ひとたび火事が発生すると消火手段を持たなかったころにあっては、集落全体が焼け出されることも十分に想定された。このような事態は避けなければならないというのは、生活の場にいる共通したいわば共同体としての意思であろう。

ニライカナイから富を満載した神の船が来る島の港は、病気の種を満載した船も横付けするとも観念した。竹富島ではアールマイの機転で島に病気の蔓延するのを未然に防いだが、治療手段をもたなかった当時の島では、感染病は島人を全滅させる恐れがあったのである。外部から侵入する厄病の神を防いで、島を清浄な空間として保持することも共同体としての意思であった。シマ全体の滅亡にかかわるような魔物や火玉、病魔は最も恐れられた存在であり、これらをすべてシマ外に速やかに追い払うこと、あるいは侵入を防ぐことが年中行事の主要なテーマであった。

沖縄の各地には、ミルクと呼ばれる神を観念した。弥勒と表記されるが仏教的な色彩はうかがわれない。各地にミルク面が神として祀られ、豊年祭などには村じゅうをミルクファ（ミルクの子）と呼ばれる大勢の子どもたちを従えて行進する。弥勒世果報《みるくゆがほー》の再現である。

波照間島のミルク神の行進では、「弥勒の世界が到来する前触れとして、一〇日ごとに雨が降り、すべての臼が黄金《くがに》でいっぱいになり、すべての織機には麻布がかかっている。弥勒世は稔りの世、実入りの世である。それで今、私たちは昼も夜も踊り、楽しむことができる」と歌う。まさに島人が描いた理想世界そのものであった。

毎年、豊年祭に多くの子どもたちを従えたミルク神の訪問する島、それは永遠に発展することを約束された島である。この実現こそがシマの意思そのものなのだろう。

おわりに

本書は、沖縄の各地を巡る中で、おもしろいなぁと感じさせてくれたひとコマを断片的にまとめたものである。これらには、おどろくほど本土の習慣や民俗に共通するものもあった。終章として初めて沖縄で暮らし、民俗調査をおこなった印象を記したい。そして、本文では触れられなかった、多くの人々との出会いについて触れて結びとしたい。

最も印象深いこと

竹富島でのヤギの解体を手伝ったこと。友人たちによると、このようなことは滅多になく、まさに世果報であるという。その後のヤギのフルコースは忘れられない味であった。ブタやリュウキュウイノシシの解体について見聞することもできた。沖縄の大切な食文化に関する伝承文化であろう。

驚いたこと

多良間島や池間島の言葉は、聞き取りもできないし書くことすらできない。手元の多良間島民俗学習館の発行するパンフレットによると、飯→イ゜、火→ピイ゜、イモ→ム゜、掘る→プリ゜、海→イム゜、左→ピイ゜ダリ゜などたくさんある。学習館では垣花昇一さんにその都度誤りを指摘された。耳がまったく対応していないのである。沖縄では方言を復活させる学集会や発表会が盛んである。五〇から六〇年代の人たちは、まだ方言での会話の機会が多いようであり、隣にいても内容は分からないことになる。

沖縄で出会った人々

南方系の顔立ちはいかつい印象をうけるが、誰にも親切で人懐っこくナイーブである。どこの島に行ってもこれは変わらなかった。竹富島の前本隆一さんと奥さんは話を聞く前に飯を食えと毎回出してくれた。田舎で育ったものにとってはこの光景は懐かしい。ヤギ汁を食べていても、民宿でも近所の人たちがやって来る風景がそこにあった。

垣花昇一と伊良波盛男

垣花さんは多良間島の民俗学習館に勤務する。島の自然から民俗行事までカバーする。いつも島の四〇種に及ぶ野草の話を聞かせてくれた。道端の雑草もすべて貴重な薬草であるという。最近の便りには字塩川のウプリが復活したという。伊良波さんは池間島にあって詩と小説の創作活動をおこなうかたわら、池間郷土学研究所を主宰している。『池間民俗語彙さんの世界』を二〇〇四年に上梓したが、本文中で示したター遺跡へ案内してくれたのも伊良波さんであった。

池間　苗

池間さんは大正八年与那国島生まれであるから今年九一歳である。五〇歳を越して与那国民俗資料館を立ち上げ、『与那国ことば辞典』と『与那国語辞典』の二著を上梓した人であったが、私にとっては二日間で合計八時間の島の話を聞くことができた。当時は朝の九時過ぎから昼ごはんやお茶をごちそうになりながらの聞き取りであった。ここで所蔵する黄色の泥で染めた神衣装と顔料は特異なものである。

沖縄国際大学の教授たち

沖縄で民俗調査をするということはどういうことなのか。どのように、どこでするのか、まったくの暗中模索のままの沖縄行きであった。それまでの二三年間は考古学の世界に身を置いていたのである。沖縄国際大学は民俗学の講座が充実していた。比嘉政夫、赤嶺政信（琉球大学）、田名真之（沖縄近世史）の各氏からは、かつて王を戴いた琉球国があり、そこには独自の民俗世界の広がっていたことを教えられた。

遠藤庄治とＮＰＯの仲間たち

遠藤さんは福島県生まれ。京都の大学では『古事記』など上代文学を専攻して、一九七二年、新設された沖縄国際大学に赴任した。翌年から学生たちと、沖縄の島々の民話の聞き取り調査を四三年間にわたって行った。その間に出会った話者は一万四千人、聴取した話は七万話にのぼるという。全国で六万話といわれる中で、沖縄県だけが抜きんでた調査数であり、もちろん沖縄という地理的な位置にもよるのだろうが、日本本土と共通する話に加えて、中国や東南アジアとも関連する昔話が多く含まれていた。小著で引用した話の多くも遠藤さんたちの貴重な成果のひとつである。

私的には沖縄での全てにわたっての知恵になったはずである。ところが、邂逅から三か月も経たないうちに病気が発覚し翌年には逝去した。短い期間であったが沖縄の伝承話のもつ力を教わった。

沖縄の伝承話は、ＮＰＯ法人沖縄伝承話資料センターが、すべての伝承話の公開にむけて活動を開始した。カセットテープに記録された話のデジタル化と、語りの場を通じて伝承話を改めて発信することである。活字本は五三の市町村からそれぞれ公表されている。

ＮＰＯの仲間たちとはすべての会話、議論が血肉になり、沖縄民俗の理解を深めてくれた。そして会話の奥の部分では、生まれ育った故郷の有り様と比較する自分があった。

基地問題と美術館

沖縄国際大学の四階喫茶室からは、米軍普天間基地が目の前にありその向こうは東シナ海が広がる。基地上空はヘリコプターやC130輸送機が低空飛行の訓練を日常的に行っていた。沖縄の基地はかつての集落を丸ごと呑み込み、宜野湾や嘉手納は、中心部に基地と滑走路が占領し、周辺部に市街地を形作る歪な都市となった。軍用地主という聞きなれない言葉を知ったのも沖縄に来てからである。本土のマスコミが報道しないことも多くある。

その①、軍事基地から入る地代で、美術館や子どもの絵本を多数コレクションして地域に解放している人も忘れられない。宜野湾市にある佐喜真美術館や沖縄市のくすぬち会館である。前者は美術館の建設のために、基地の一部を返還させて用地の一部に当てたという。

その②、沖縄戦が激烈を極めた那覇市や糸満市周辺は、現在では都市の発展が続いて土地開発も活発である。このような中、市街地の空地や洞窟内に置き去りにされた、沖縄戦の犠牲者の遺骨を収集している個人の活動もある。本来ならば国家が戦後処理として真っ先に取り組まなければならない問題だろう。また、不発弾の発見も連日新聞の片隅に報道される。沖縄にあっては、基地や放置された犠牲者、不発弾など日常的に戦争が隣り合う現実が続いている。

四年間の沖縄滞在で沖縄本島と周辺の島々、宮古・八重山の島々を巡って多くの人たちの話を聞くことができた。集落の年中行事や民俗は一九六〇年代でほぼ消滅したのかもしれない。池間島では昨年までやっていたシマクサラシは、ツカサの不在でもうやらないだろうという。それでも、池間苗さんのように、島のことを話したくて聞き役の訪れを待ってくれている人々もいる。このような人たちと会って、シマで生きるとはどういうことなのか議論してみたいと思う。

小著は故遠藤庄治先生の学恩と照屋寛信氏をはじめとする沖縄伝承話資料センターに集う諸氏との邂逅によってなったものである。ここに謝意を表したい。

参考文献

あ行

C・アウエハント、静子・アウエハント　二〇〇四　『写真集波照間島―祭祀の空間―』榕樹書林

C・アウエハント、中鉢良護訳・解説　二〇〇四　『HATERUMA』榕樹書林

赤嶺政信　一九九八　「粟国島の正月」『シマの見る夢』ボーダーインク

字誌編纂委員会　一九九八　『久志字誌』

安里　進　一九九六　「首里城正殿基壇の変遷」『首里城研究』2

二〇〇三　「琉球王国の形成と東アジア」『日本の時代史一八　琉球・沖縄史の世界』吉川弘文館

安陪光正　一九八二　『アダンの葉陰に』西図協出版

新垣源勇　二〇〇六　「魚垣」南島地名研究センター編『地名を歩く』ボーダーインク

池間栄三　一九五七　『与那国島誌』

池谷望子・内田晶子・高瀬恭子　二〇〇五　『朝鮮王朝実録　琉球史料集成』榕樹書房

石垣市総務部市史編集室　一九九九　『石垣市史叢書13　八重山島年来記』石垣市

泉　武　二〇〇九　「シマジク（島軸）から国土創成神話まで」博古研究会『博古研究』第37

稲田浩二・小澤俊夫　一九八三　『日本昔話通観』第26沖縄　同朋出版

伊良波盛男　二〇〇四　『池間島民俗語彙の世界』ボーダーインク

伊良部島役場　一九七八　『伊良部村史』

上勢頭亨　一九七六　『竹富島誌　民話・民俗篇』法政大学出版局

上江州均　一九八二『沖縄の暮らしと民具』慶友社
浦山隆一　一九八七『南西諸島の「聖域」における宗教空間の研究』
遠藤庄治　一九九七『竹富町竹富島の民話』私家版
　『沖縄の民話におけるジュゴン』NPO法人沖縄伝承話資料センター（私家版）
遠藤庄治編『波照間島の民話』沖縄伝承話資料センター（私家版）
　一九八九『いらぶの民話』伊良部町
　一九九〇『かつれんの民話』勝連町教育委員会
　一九九二『粟国島の民話』粟国村教育委員会
　二〇〇二『たまぐすくの民話』玉城村教育委員会
大林太良　一九七七『葬制の起源』角川書店
岡本恵昭　二〇〇四「大神島の民俗変容と葬制墓制の変化」『平良市総合博物館紀要』第9号
　一九九二「宮古島における虫送りの行事について」『宮古研究』6号
沖縄県立埋蔵文化財センター　二〇〇三『首里城跡　右掖門及び周辺地区発掘調査報告書』沖縄県立埋蔵文化財センター報告書第14集
沖縄県教育委員会一九九六『平敷屋トウバル遺跡』沖縄県文化財調査報告書第125集
沖縄伝承話資料センター　二〇一一『沖縄伝承話の旅―中部篇―』
大泰司紀之　二〇〇五「沖縄のジュゴン個体群とジュゴン猟の復元にむけて」『エコソフィア』15　昭和堂
恩納村誌編集委員会　一九八〇『恩納村誌』

か行

片岡照男　一九九七『ジュゴン―人魚学への招待』研成社

勝連村役所　一九六六　『勝連村誌』

鎌倉芳太郎　一九八二　『沖縄文化の遺宝』岩波書店

神谷敏郎　一九八九　『人魚の博物誌』思索社

狩俣恵一　一九九九　『南島歌謡の研究』瑞木書房

狩俣自治会　二〇〇三　『自治百年』

環　境　省　二〇〇四　『平成15年度　ジュゴンと藻場の広域的調査報告書』

宜野座村誌編集委員会　一九八九　『宜野座村誌』第3巻資料編Ⅲ民俗・自然・考古

金城須美子　一九九三　「御冠船料理にみる中国食文化の影響」『第4回琉中歴史関係国際会議　琉中歴史関係論文集』

黒澤弥悦　二〇〇一　「イノシシとブタ」高橋春成編『イノシシと人間』古今書院

国分直一　一九四四　『壷を祀る村』東都書籍

　一九七三　「南島古代文化の系譜」国分直一・佐々木高明編『南島の古代文化』毎日新聞社

五来　重　一九八一　「印地打ちと毬杖」『絵巻物と民俗』角川書店

さ行

酒井卯作　一九七五　『柳田国男先生稿「南島旅行見聞記」解説・南海小記の成立と沖縄研究』南島研究会

酒井正子　二〇〇五　『沖縄・奄美　哭きうたの民俗誌』小学館

崎原恒新　一九八一　「久高島の口承文芸」『沖縄民俗研究』第3号

佐喜真興英　一九二五　『シマの話』郷土研究社（復刻版　一九七七　名著出版）

佐渡山正吉　一九九四　「地名と屋号で見る狩俣集落の変遷」平良市総合博物館『平良市総合博物館紀要』第1

下地和宏　一九九九　「宮古の村落の変遷と石門」国立歴史民俗博物館『村が語る沖縄の歴史』新人物往来社

下地安広　二〇〇四　「浦添グスクと周辺遺跡」『グスク文化を考える』新人物往来社9

た行
高橋誠一　二〇〇三『琉球の都市と村落』関西大学東西学術研究所叢刊23　関西大学出版部
高橋美和子　二〇〇二「伊良部島国仲の婚姻・産育」『シマ』第5号
高宮広土　二〇〇五『島の先史学』ボーダーインク
高良倉吉・田名真之　一九九三『琉球王国』河出書房新社
玉城村字仲村渠　一九九〇『ミントン　仲村渠祭祀資料1』
玉城村教育委員会　二〇〇二『たまぐすくの民話』
多良間村役場　一九八一『多良間村の民話』
多良間村史編集委員会　一九九三『多良間村史』第4巻資料編3民俗
多和田真惇　一九八〇『古希記念　多和田真惇選集』
知念村教育委員会　一九九九『斎場御嶽整備事業報告書』知念村文化財調査報告書第8集。
都祁村史編集委員会　二〇〇五『改訂都祁村史』都祁村
東恩納寛惇　一九八〇「南島風土記」『東恩納寛惇全集』第7巻　第一書房
當間嗣一　一九九五「離島の小規模グスクについて」『沖縄県立博物館紀要』第21号
な行
永留久恵　二〇〇九『対馬国志』第1巻
仲原善秀　一九九〇『久米島の歴史と民俗』第一書房
仲松弥秀　一九七五『神と村』伝統と現代社
長嶺　操　一九八二『沖縄の魔除け獅子』（私家版）
仲村渠自治会　一九九〇『仲村渠祭祀資料Ⅰミントン』

奈良市史編集審議会編　一九九一　『奈良市史民俗編』奈良市
西山やよい　一九九〇　「産屋の民俗」『日本民俗文化資料集成』第5巻　三一書房
C・ネフスキー、岡正雄編　一九七一　『月と不死』東洋文庫185　平凡社
野口武徳　一九六五　「宮古島北部の社会と儀礼」東京都立大学南西諸島研究委員会編『沖縄の社会と宗教』平凡社
一九七二　『沖縄池間島民俗誌』未来社
野々村孝男編　二〇〇〇　『写真集　懐かしき沖縄―山崎正董らが歩いた昭和初期の原風景―』琉球新報社
野本寛一　一九八四　「農耕―畑作の伝承と習俗―」『沖縄県久高島の民俗』白帝社
一九九五　『海岸環境民俗論』白水社

は行

南風原町史編集委員会　二〇〇三　『南風原　シマの民俗』南風原町役場
萩原秀三郎　一九八七　『稲を伝えた民族』雄山閣
原田禹雄　一九八五　『使琉球記』言叢社
春成秀爾　一九九三　「豚の下顎骨懸架―弥生時代における辟邪の習俗―」『国立歴史民俗博物館研究報告』第50集
比嘉親平　二〇〇一　「住む」『名護市史』本編9民俗Ⅲ
比嘉政夫　一九九三　『沖縄の祭りと行事』沖縄文化社
一九九四　「集落・家の祭祀的世界」佐々木宏幹・村武精一編『宗教人類学』新曜社
比嘉康雄　一九九三　『神々の原郷　久高島』第一書房
福治友那・加治工真一　二〇〇七　「久高島方言の民俗語彙」『南島文化』第29号
福田晃・岩瀬博・遠藤庄治　一九八〇　『沖縄の昔話』日本放送出版協会
藤田三郎　一九九七　「土器に描かれた絵画」『月刊文化財』409号　第一法規

外間守善　一九八七「沖縄の祖神アマミク神の系譜」『沖縄文化』第24巻1号

ま行

前里ムト　二〇〇八『前里ムト名簿』
前泊徳正　一九九四平良市教育委員会『平良市史』第9巻資料編7御嶽篇
牧野　清　一九七六「八重山のビッチル（自然石）信仰」八重山文化研究会『八重山文化論集』
松居　友　一九九九『沖縄の宇宙像—池間島に日本のコスモロジーの原型を探る—』洋泉社
丸山顕徳　一九九三「八岐大蛇型説話の儀礼と伝承」『沖縄民間説話の研究』勉誠社
　　二〇〇五「イザナギ神とイザナミ神の天の御柱巡りの意味」『古代文学と琉球説話』三弥井書房
源　武雄　一九七二『日本の民俗　沖縄』第一法規
宮古民話の会　一九八四『ゆがたい』宮古島の民話集第4集
宮本常一　一九五八「井戸と水」『日本民俗学大系』第6巻　平凡社
目崎和茂　一九八〇「琉球列島における島の地形的分類とその帯状分布」『琉球列島の地質学的研究』第5巻
　　二〇〇一「イノーに生きる民俗世界」『エコソフィア』7号　昭和堂
本林靖久　二〇〇一「来訪神祭祀の世界観」『宗教民俗研究』第11号
本部町瀬底島誌編集委員会　一九九五『瀬底誌』

や行

安川弘堂　一九三三「福岡県大島地方」『旅と伝説』第6年7月　東京三元社
柳田国男　一九九七「海南小記」『柳田国男全集』第3巻　筑摩書房
山里純一　二〇〇四『呪符の文化史』三弥井書店

山田武男　一九八六　『わが故郷アントゥリ―西表・網取村の民俗と古謡―』ひるぎ社おきなわ文庫27
横井　清　一九八八　「鳥の声、弓弦の音」『的と胞衣』平凡社
吉川博也　一九八九　『那覇の空間構造』沖縄タイムス社
読谷村教育委員会　一九八〇　『喜名の民話』
読谷村史編集委員会　一九九五　『読谷村史』第4巻資料編3読谷の民俗・上
読谷村歴史民俗資料館　一九八一　『長浜の民話　読谷村民話資料集』3

ら行

李　鎮栄　二〇〇一　「汀間―外からのまなざし―」名護市史編さん委員会『名護市史』本編9民俗Ⅰ民俗誌
琉球大学民俗研究クラブ　一九六三　『沖縄民俗』第8号（復刻版）。
琉球大学民俗研究クラブ　一九六一　『民俗』第3号
琉球大学民俗研究クラブ　一九六三　『沖縄民俗』第7号　第一書房復刻版。
琉球大学民俗研究クラブ　一九六九　『沖縄民俗』第16号
琉球大学沖縄民俗研究クラブ　一九六六　「宮古島狩俣部落調査報告」『沖縄民俗』第12号
琉球大学沖縄文化研究所　一九六四　『宮古諸島学術調査研究報告　地理・民俗篇』

沖縄学事始め《おきなわがくことはじ》

■著者略歴■

泉　武（いずみ　たけし）

1951年、奈良県生まれ。

立命館大学文学部卒業。現在、奈良県立橿原考古学研究所共同研究員、NPO法人沖縄伝承話資料センター会員。

主な著作・論文

「ジュゴンについての文化史的試論」茂木雅博編『日中交流の考古学』（同成社、2007）、「沖縄における畑分け儀礼」菅谷文則編『王権と武器と信仰』（同成社、2008）、「沖縄の民俗にみる家焼き」『橿原考古学研究所論集』第15（八木書店、2008）、「沖縄民俗にみるヤマ（山）とミネ（嶺）」山の考古学研究会編『山岳信仰と考古学Ⅱ』（同成社、2010）

2011年7月10日発行

著　者　泉　武

発行者　山脇洋亮

印　刷　モリモト印刷㈱

製　本　協栄製本㈱

発行所　東京都千代田区飯田橋4-4-8 東京中央ビル内　㈱同成社

TEL 03-3239-1467　振替 00140-0-20618

©Izumi Takeshi 2011. Printed in Japan

ISBN978-4-88621-570-3 C0021

同成社南島関連の書籍

ものが語る歴史⑩
ヤコウガイの考古学
髙梨　修著
Ａ５判・三〇二頁・五〇四〇円
供給地は殆ど未詳とされてきたが、近年奄美大島の遺跡から大量に出土。古代・中世の国家境界中心の交易史を、沖縄中心史観から脱却し、ヤコウガイによって追究。

⑯
壺屋焼が語る琉球外史
［第三六回伊波普猷賞受賞］
小田静夫著
Ａ５判・二五八頁・四七二五円
沖縄を発し、東京や八丈島、遠くは南の島々でも発見される壺屋焼を追って、泡盛の歴史的な背景、さらに知られざる沖縄の漁業・農業移民が辿った壮大な軌跡を探る。

沖縄・奄美と日本
谷川健一編
四六判・二一八頁・一九九五円
沖縄・奄美の歴史がいかなるものであったか、それは日本（ヤマト）のそれといかに異なり、関係しあったのか。そうした問題に民俗・歴史的に迫り、南島史像を探る。

民俗文化の現在
—沖縄・与那国島の「民俗」へのまなざし—
原　知章著
Ａ５判・二四二頁・四七二五円
沖縄と予那国島の民俗文化が、メディア・国家・学問がつくり出す文化とどのように関わってきたのかを、文化人類学・民俗学の観点から論じる。